Mobbing

Strategien für die Praxis

Verlag an der Ruhr

Titel: **Schnelles Eingreifen bei Mobbing**
Strategien für die Praxis

Autor: Wolfgang Kindler

Titelbildmotiv: Covergestaltung unter Verwendung dieser Fotos:
© luxuz – Photocase.com (Vorderseite)
© Eric Simard – Fotolia.com (Rückseite)

Fotos: www.Fotolia.com

Druck: DRUCKZONE, Cottbus

Verlag: Verlag an der Ruhr
Alexanderstraße 54 – 45472 Mülheim an der Ruhr
Postfach 10 22 51 – 45422 Mülheim an der Ruhr
Tel.: 0208/4395450 – Fax: 0208/43954239
E-Mail: info@verlagruhr.de
www.verlagruhr.de

ISBN 978-3-8346-0450-7

geeignet für **alle Schulstufen**

Die Schreibweise der Texte folgt der neuesten Fassung der Rechtschreibregeln – gültig seit August 2006.

Gedruckt auf chlorfrei gebleichtes Papier.

ÖKOPROFIT® Mülheim an der Ruhr 2007/2008

Wir sind seit 2008 ein ÖKOPROFIT®-Betrieb und setzen uns damit aktiv für den Umweltschutz ein. Das ÖKOPROFIT®-Projekt unterstützt Betriebe dabei, die Umwelt durch nachhaltiges Wirtschaften zu entlasten.

Mobbing ist eine Gewaltform, die Schulen Probleme bereitet. Oft wird Mobbing nicht erkannt, oft gelingt es nicht, adäquat zu reagieren. Aus Unsicherheit werden Mobbingprozesse dann von vielen Lehrern* ignoriert. Dieses Verhalten scheint die Regel zu sein.

So weist Françoise Alsaker ihn ihrem lesenswerten Buch darauf hin, dass über 80% der Kinder und Jugendlichen, die ihre Klasse wegen Mobbings verlassen, kein persönliches Gespräch über ihre Situation mit einem Lehrer hatten.

Dabei ist Nichtstun das Schlimmste, was ein Lehrer sich selbst, dem Opfer, den Tätern und den Unbeteiligten zufügen kann. **Der Lehrer** verliert die Achtung und Akzeptanz eines Großteils seiner Klasse. Vielleicht leidet der Kollege auch darunter, dass er hilflos zusieht, wie sich vor seinen Augen Gewalt abspielt, wie es ihm nicht gelingt, das Grundrecht jedes Schülers durchzusetzen, nämlich unbeschadet zu lernen. **Das Opfer** erfährt, dass seine Leiden unwichtig sind, dass es nicht auf Hilfe hoffen darf und dass es sich damit abfinden muss, weiter gequält zu werden. Und **die Täter**, also die Jugendlichen, die ungehindert einen Klassenkameraden mobben, lernen täglich neu, dass Regelbrüche in der Schule normal sind, dass ihre Übergriffe folgenlos hingenommen werden. Die Klasse gewöhnt sich an den alltäglichen Regelverfall, an die Hilflosigkeit und an die Angst.

Dieser Ratgeber soll in solchen Fällen Abhilfe schaffen, indem er Strategien aufzeigt, wie Mobbing zu erkennen und wie darauf zu reagieren ist.

* *Aus Gründen der besseren Lesbarkeit haben wir in diesem Buch durchgehend die männliche Form verwendet. Natürlich sind damit auch immer Frauen und Mädchen gemeint, also Lehrerinnen, Schülerinnen etc.*

© Mikael Damkier – Fotolia.com

1

Mobbing – eine besondere Gewaltform

Drei Briefe von Mobbing-Opfern

Im Umgang mit Mobbing stehen Lehrer vor vielen Problemen: Oft wird Mobbing nicht erkannt, oft wird es verharmlost, oft nicht konsequent geahndet. Die folgenden Leserbriefe, die mir Jugendliche nach der Lektüre meiner Jugendbücher „Dich machen wir fertig!" und „Ein Fußballer muss das aushalten", die beide über Mobbing in der Schule handeln, geschrieben haben, veranschaulichen nicht nur den Leidensdruck der Opfer, sondern auch die Hilflosigkeit der Schulen. Sie dienen als erste Beispiele, um in die Thematik einzusteigen. Die Briefe wurden nur geringfügig stilistisch korrigiert und so verändert, dass die Verfasser nicht erkannt werden können.

Anna ist Schülerin der 6. Klasse eines Gymnasiums. Sie schreibt:

Lieber Herr Kindler,
in meiner Klasse geht es mir nicht gut. Immer wieder sagen mir die anderen: „Hoffentlich fliegst du bald von der Schule." – „Wir wünschen dir, dass du von der Schule fliegst." – „Du bist ja behindert." – „Du bist psychisch krank."
Im Sportunterricht, in der Umkleide rufen sie, obwohl ich mich immer ganz gründlich wasche: „Du stinkst. Deine Füße stinken."
Einmal musste ich, weil ich wütend während der Stunde auf eine Beleidigung reagiert habe, zu meinem Klassenlehrer. Als ich zurück in die Klasse kam, rief einer: „Na, hast du jetzt endlich einen Tadel?!" Alles lachte, unser Englischlehrer auch.
Wenn ich im Unterricht was Falsches sage, werde ich ausgelacht.
Im Deutschunterricht habe ich einen Aufsatz vorgelesen, und der Lehrer hat mich sogar gelobt. Danach rief aber einer laut durch die Klasse: „Das hat doch deine Mutter geschrieben!" – „Das habe ich selbst geschrieben!", antwortete ich. „Dann hast du das geschrieben, nachdem deine Mutter dir alles gesagt hat." Ich wurde so wütend, dass ich meinen Tisch weggeschoben habe und den anderen Tisch auch. Daraufhin sagte mein Deutschlehrer, der mich vorher doch gelobt hatte: „Du bist hyperaktiv dumm!" […]

Ich habe dann beschlossen, mir nichts mehr gefallen zu lassen. Wenn mich einer in der Stunde ärgert, bin ich laut geworden, habe immer gefragt: „Findest du das komisch? Was soll das denn schon wieder?" Mein Englischlehrer, der nie was sagt, wenn ich geärgert werde, sagte dann zu meiner Mutter am Elternsprechtag: „Anna nervt mich schon!"

Zu mir selbst hat er vorletzte Woche, als ich mich wieder beschwert habe, im Türrahmen gesagt: „Du kotzt mich an." Das war ganz leise. Das hat keiner sonst gehört. Aber nach der letzten Englischstunde rief er mich nach vorne, und sagte, dass es alle hören konnten: „Nerv mich nicht so. Du hast dich verändert! Ich kann die anderen verstehen!" Bestimmt habe ich mich auch wirklich verändert. Aber ich kann das alles nicht mehr aushalten.
In der letzten Zeit haben die sich was Neues ausgedacht: Die ärgern mich, und weil mich das nervt, mach ich auch was. Und dann wird laut in die Klasse gerufen: „Anna, hör auf damit!" Jetzt habe ich einen Verweis bekommen. Ich kann machen, was ich will, und bekomme immer einen drüber. Mir ist inzwischen alles egal.

Gestern, auf dem Heimweg von der Schule, haben mich drei Mädchen und zwei Jungen aus meiner Klasse umringt. Ohne etwas zu sagen, schubsten sie mich von allen Seiten. Als ich mich wehrte, zerrte einer so fest an meiner Jacke, dass sie einriss. Verena lachte und sagte: „Ich hau dich jetzt gleich. Am liebsten würde ich dich mit dem Messer erstechen." Caro packte mich von hinten an den Hals und drückte zu. Zum Glück kam da ein Rentner und schimpfte. Die anderen rannten weg.
Meine Eltern beschweren sich andauernd – bei den anderen Eltern, in der Schule. Aber nichts passiert. Ich will nicht mehr dahin. Was soll ich tun?
Bitte helfen Sie mir!
Ihre Anna

Oft gehen Unbeteiligte davon aus, dass Mobbing-Opfer durch ihre Schwäche oder durch eklatantes Fehlverhalten das gegen sie gerichtete Mobbing provoziert hätten. Diese Annahme ist falsch. Mobbing-Opfer kann jeder werden. Besonders oft trifft es sanfte und sensible Kinder. Schwer haben es in der Regel auch Jugendliche wie Luisa und Malte, die auf Grund ihrer besonderen Leistungsfähigkeit eine Klasse überspringen.

Hallo Herr Kindler,
in Ihrem Buch beschreiben Sie, wie ein „normales" Mädchen gemobbt wird.
Ich glaube, bei so genannten Hochbegabten geschieht das viel häufiger.
Ich möchte aber nicht von mir, sondern von meiner Schwester Luisa erzählen. Die ist klüger als ich und hat schon zwei Klassen übersprungen. Trotzdem gehört sie wieder zu den Besten. Sie ist kein Streber. Ihr fällt das Lernen

einfach leicht. Wir treiben beide viel Sport, beide auch einen Kampfsport. Ich bin als Überspringer auch der Jüngste der Klasse, aber zumindest werde ich körperlich nicht bedroht. Meine Schwester und ich haben im Unterricht nicht das Problem, etwas nicht zu verstehen. Unser Problem ist es, so zu antworten, dass wir nicht als zu klug oder als Streber dastehen. Das geht uns bei jeder Meldung durch den Kopf. Manchmal sagen wir beide extra etwas Falsches, nur damit wir nicht immer das genervte Stöhnen der Mitschüler hören müssen, wenn wir wieder vom Lehrer gelobt werden. (Übrigens, nicht alle Lehrer können Hochbegabte aushalten. Viele versuchen, uns zu blamieren, und wollen damit demonstrieren, dass sie viel klüger sind als die „kleinen Geniusse". Aber das halten wir aus.) Meine Schwester und ich haben uns daran gewöhnt, regelmäßig als Streber angemacht zu werden und in der Klasse isoliert zu sein. Aber was meiner Schwester jetzt passiert ist, finde ich widerwärtig:

Luisas beste Freundin ist gestorben. Die kennt sie von der Berufsschule, und Anna, so hieß die Freundin, und Luisa haben sich oft gegenseitig getröstet. Anna ging es in ihrer Schule auch nicht besonders gut. Anna war Gesamtschülerin, und sie spielte Cello. Deshalb haben sie die dauernd angemacht. Sie sei arrogant. War sie aber gar nicht. Anna war nur schüchtern. Wenn man sie kränkte, zog sie sich zurück, sagte aber nicht viel.
Also: Anna und meine Schwester waren enge Freundinnen, und je mehr der Druck auf beide zunahm, desto enger wurde ihre Freundschaft.
Und dann war Anna plötzlich tot. Die Eltern sprachen von einem Unfall, aber meine Schwester war sicher, dass Anna Selbstmord begangen hat. Die war nämlich viel zu vorsichtig, um mit dem Fahrrad frontal gegen einen LKW zu fahren. Meine Schwester war vollkommen am Boden.
Sie fühlte sich jetzt nicht nur vollkommen allein, sondern sie gab sich sogar die Schuld am Tod ihrer Freundin, weil sie nicht genug auf sie eingegangen sei. Meine Eltern ließen Luisa eine Woche nicht in die Schule. Als Luisa danach wieder an ihren Platz kam, lag Annas Todesanzeige auf ihrem Tisch. Allerdings hatten ihre lieben Mitschüler diese eingescannt, vergrößert und die Namen ausgetauscht. Statt Anna stand da Luisa, und statt „mit Trauer" hatten sie formuliert: „Mit Freude nehmen wir Abschied von …"

Sehr geehrter Herr Kindler, ich schreibe Ihnen das nicht, weil ich glaube, dass Sie uns helfen können. Ich wollte Ihnen nur zeigen, wie es besonders guten Schülern in Deutschland geht.
Viele Grüße, Malte

Der folgende Brief veranschaulicht, wie Mobbende die körperlichen Schwächen eines Opfers zum Anlass nehmen, um es zu quälen. Es ist falsch, in diesem Falle die Schuld bei dem Opfer zu suchen.

Hallo,
ich heiße Ludwig, ich bin 14 Jahre alt. Ich gehe seit zwei Jahren auf die … Schule, die ein Schulzentrum ist, weil die Schule in unserem Dorf geschlossen worden ist. Jetzt muss ich immer mit dem Bus fahren. Und nach der Schule muss ich mich ganz doll beeilen. Wenn ich nämlich den Bus verpasse, muss ich 2 Stunden warten. In meiner alten Schule kannte ich die Kinder und hatte Freunde. Ich hatte auch nie richtigen Ärger. Das war in der neuen Schule ganz schnell ganz anders. Erst nannten sie mich „Fetti", dann „fette Sau". Immer öfter hauten sie mich auch. Ich habe mich erst gewehrt, aber dadurch wurde alles schlimmer. Aber jetzt ist es ganz schlimm: Die machen, dass ich den Bus verpasse.
Vor zwei Monaten konnte ich meine Schultasche nicht mehr finden.
Ich habe überall gesucht. In der Toilette habe ich sie dann gefunden.
Ich habe deshalb den Bus verpasst. Die haben dann gelacht. Acht Klassenkameraden haben an der Haltestelle gewartet. Als ich da stand und noch zwei Stunden warten musste, musste ich weinen. Und die haben gelacht. Zwei Tage danach konnte ich die Tasche wieder nicht finden. Ich wollte dann einfach ohne Tasche fahren. Aber sie haben mich einfach festgehalten, bis der Bus weg war. Ich konnte nichts machen. Ich habe sie angebettelt: „Lasst mich doch los." Aber das haben sie nicht gemacht. Das machten sie immer wieder. Einmal haben sie mir die Jacke zerrissen. Oft haben sie mich auch gehauen. Immer, wenn der Bus weg war, musste ich weinen. Ich wollte das nicht. Und die haben gelacht.

Im Dezember kam ich mit einer neuen, warmen Jacke in die Schule. Erst haben sie die versteckt, aber ich habe sie gefunden. Als sie mich festhielten, wollten sie wohl die Jacke zerreißen. Das ging aber nicht. Sie hauten und schubsten mich. Dann zogen sie mir die Jacke aus und warfen sie in den Graben. Der Bus war weg. Die Jacke konnte ich nicht mehr anziehen, weil sie ganz nass war. Ich habe gefroren, bin aber nicht krank geworden. Auch sonst ärgern und schubsen sie mich immer wieder. Nur bei uns im Dorf ist es schön.

Sie hören nicht auf. Aber wahrscheinlich bin ich selbst schuld. Ich bin dick, und ich habe Epilepsie.
Viele Grüße von Ludwig

Was Mobbing von anderer schulischer Gewalt unterscheidet

Alle drei Briefe zeigen Gemeinsamkeiten, die ein Verständnis dessen, was Mobbing ausmacht, ermöglichen:

Mobbing basiert auf einem Machtgefälle

Ein Machtgefälle gibt es oft bei Schülern, die dieselbe Klasse besuchen. Es entsteht dann, wenn sich **mehrere gegen einen Einzelnen** verbünden:

- **Luisa** war zwar klüger als ihre Mitschüler, auch körperlich fitter als die meisten, und trotzdem stand sie der Klasse hilflos gegenüber. Sie wurde ausgeschlossen und gedemütigt.
- Gegen die Mehrheit in seiner Klasse war auch **Ludwig** hilflos. Hier bestanden die Übergriffe in der Regel aus platten Beschimpfungen, der Wegnahme von Sachen und körperlicher Gewalt.

Ein Machtgefälle in einer Klasse kann **viele Ursachen** haben:
- klug gegen weniger begabt,
- beliebt gegen unbeliebt,
- geschickt und skrupellos gegen sanft und unsicher,
- körperlich stark gegen schwach.

Mobbing geht im Regelfall von Jugendlichen aus, die in der Klasse ein gewisses Ansehen genießen, besonders wenn es auf Furcht basiert, die die anderen Schüler lähmt und daran hindert, für das Opfer Partei zu ergreifen.

Mobbing ist dauerhaft

Mobbing ist kein einmaliger Vorfall, sondern **dauerhaft**. Dadurch gewinnt es seine besonders schädigende Wirkung:

- **Anna** ist nicht nur einmal von Lehrern und Mitschülern gedemütigt und angegriffen worden, sondern immer wieder. Am Wochenende wusste sie schon: Montag geht es weiter. Während der ersten Stunde wusste sie: In der kleinen Pause ärgern sie mich wieder.

In seinen Texten geht Leymann davon aus, dass Übergriffe erst dann als Mobbing definiert werden können, wenn sie über drei Monate andauern. **In der Schule** würde ich bereits **nach einem Monat** von Mobbing sprechen, einmal, weil die Übergriffe dort häufiger geschehen, als dies bei beruflichem Mobbing die Regel ist, aber auch, weil Mobbing in der Schule junge Persönlichkeiten trifft, die sich noch entwickeln. Die schädigende Wirkung trifft einen Heranwachsenden härter. Sein Selbstbild entwickelt sich in der Auseinandersetzung mit Gleichaltrigen.

→ **Ludwig** hat sich bereits die negative Fremddefinition zueigen gemacht. Er sucht die Schuld bei sich (*„Ich bin dick, und ich habe Epilepsie."*), statt sich über die Ungerechtigkeiten seiner Mitschüler zu empören, die ihn grundlos attackieren.

Weil sich Mobbing auf Heranwachsende schneller und intensiver auswirkt, gehe ich davon aus, dass Übergriffe dann **Mobbing** genannt werden können, wenn sie **mindestens einen Monat andauern**. Das bedeutet im Rückschluss natürlich nicht, dass Sie als Lehrer bei Quälereien erst einmal beobachtend abwarten sollen, bevor Sie tätig werden.

Mobbing ist eine grundlegende Form aggressiven Verhaltens

In allen drei Beispielen war es den Tätern gleichgültig, welche Folgen ihr Mobbing bei dem Opfer auslöst. Wenn eine in der Schule alltägliche Hänselei dazu führt, dass ein Mitschüler sich wirklich verletzt zeigt, wird sie abgebrochen und der Ärgernde entschuldigt sich. Der Mobbende dagegen reagiert auf die Verletzungen und Leiden seines Opfers gleichgültig oder mit Freude. Man kann hier von einem **grundlegenden Verhalten** sprechen. In der Regel schreibt der Mobbende seinem Opfer eine bestimmte Eigenschaft zu: Der ist faul, er stinkt, sie ist eine Petze, er ist schwul usw. Aus dieser Zuschreibung zieht er die Berechtigung, nach Belieben mit seinem Mitschüler zu verfahren. Sie rechtfertigt für ihn jeden Übergriff.

→ Im Fall von **Anna** waren die Mitschüler gegenüber den Folgen ihres Mobbings, nämlich dass Anna auf Grund von provozierten Reaktionen von der Schule fliegen könnte, nicht nur gleichgültig, sondern sie strebten sie an.

→ Bei **Luisa** wollten die Mitschüler die neue Hochbegabte demütigen und isolieren und mit ihrem Vorgehen erreichen, dass sie die Klasse verlässt. Die Verletzungen, die Luisas hinnehmen musste, waren gewollt.

→ Im Fall von **Ludwig** wollten die Mitschüler, dass er den Bus verpasste und so allein gelassen und weinend zurückbleibt.

In allen drei Fällen führten die Leiden der Opfer bei den Tätern nicht zum Einhalten.

Mobbing findet regelmäßig statt

Leymann definiert, dass die Übergriffe **regelmäßig**, also mindestens einmal wöchentlich erfolgen müssen, bevor sie als Mobbing zu definieren sind. Bei allen mir bekannten Fällen schulischen Mobbings ist dieser Tatbestand erfüllt.

→ **Christoph**, der in der 9. Klasse als „schwule Sau" beleidigt wurde, erlebte die Angriffe täglich. In der Turnstunde, wo die Angreifer sich unbeobachtet vom Sportlehrer wussten, musste sich Christoph regelmäßig dagegen wehren, dass ihm die Hose vom Körper gerissen wurde. Auf die Frage, wie oft er Angriffe erlebt habe, antwortete er: „Mindestens einmal am Tag, manchmal in jeder kleinen Pause und dann noch auf dem Schulweg."

Mobbing basiert auf schädigenden Handlungen

Die bisherigen Beispiele machen deutlich, dass sich Mobbing nicht auf eine bestimmte Form der Gewalt reduzieren lässt. Mobbing kann in Ausdrücken, in Verleumdungen, Beschimpfungen direkter oder indirekter Art, in körperlicher Gewalt, in der Wegnahme und im Zerstören von Sachen, im Unterschlagen oder Verfälschen von Informationen, im Ausschließen, in sexuellen Übergriffen usw. bestehen. Zusammenfassend lässt sich also sagen, dass jede Form von Gewalt Ausdruck von Mobbing sein kann.

→ **Anna** wurde von fast allen Schülern der Klasse gequält und provoziert, bis sie so heftig reagierte, dass ihre Schullaufbahn gefährdet wurde.

→ **Luisa und Malte**, die hochbegabten Jugendlichen, werden nicht körperlich angegriffen, sondern mit Hilfe von Intrigen und gezielten Gemeinheiten isoliert.

- Bei **Ludwig** stehen scheinbar direkte körperliche Angriffe im Vordergrund.

In anderen Mobbingfällen werden die Opfer falsch informiert, ignoriert oder ausgeschwiegen.

Allerdings lässt sich nach herkömmlichem Gewaltverständnis darüber streiten, ob beispielsweise die Nichtweitergabe von Informationen Gewalt ist. Um dieser Diskussion zu entgehen, möchte ich definieren, dass **alle schädigenden Handlungen** die Basis für Mobbingprozesse bilden können.

Gibt es Unterschiede zwischen Jungen und Mädchen?

Es lassen sich durchaus Unterschiede im Vorgehen von mobbenden Jungen und Mädchen feststellen:

- **Jungen** greifen ihre Opfer direkt an (*„Eh, du bist schwul!“*), sie beschimpfen sie, schlagen sie, erniedrigen sie.
- **Mädchen** neigen dazu, indirekt anzugreifen und das Opfer sozial zu isolieren. Mädchen, die mobben, verbreiten häufig Gerüchte über das Opfer: *„Die geht mit jedem ins Bett.“*

Allerdings habe ich gerade in letzter Zeit auch von Mobbingfällen erfahren, in denen Mädchen direkt attackieren, auch körperlich, und Jungen Intrigen inszenieren.

DEFINITION

Mobbing basiert auf einem relativ stabilen Machtgefälle, es ist eine dauerhafte, grundlegende Gewaltform, die regelmäßig ausgeübt wird und sich in schädigenden Handlungen zeigt.

Was Mobbing nicht ist

BEISPIEL

Sebastian ist dick. Jeder aus der Klasse nennt ihn „unser Dicker". Sebastian findet das nicht toll. Er schämt sich für seinen Bauchumfang. Allerdings war die Scham bisher noch nicht so groß, dass sie zu einer Diät führte. Sebastian stopft sich mit Essen aller Art voll und leidet, ein bisschen. Eigentlich ist er ein fröhlicher Junge. Wohl auch deshalb ist er in seiner Klasse beliebt. Die meisten Kinder aus seiner Klasse realisieren nicht, dass Sebastian nicht gerne „unser Dicker" gerufen wird. Sie mögen ihn, wollen ihn nicht verletzen. Vermutlich würde ihn keiner mehr Dicker nennen, wenn Sebastians Mitschüler wüssten, dass ihn das kränkt.

Trotz dieser Hänselei ist Sebastian in der Klasse akzeptiert. Und das spürt er auch täglich. Er ist nicht aus der Gemeinschaft ausgeschlossen. Niemand will ihn verletzen. Auch das Sozialgefüge der Klasse bleibt intakt. Und auch Sebastian selbst wird nicht tiefer geschädigt. Deshalb kann man in diesem Fall auch nicht von einem grundlegenden Übergriff sprechen, der Teil des Mobbings ist.

BEISPIEL

Friederike ist in Tränen aufgelöst. Ihre beiden besten Freundinnen, Johanna und Sophia haben sie verraten. Sie haben ihr Tagebuch aus ihrer Tasche gestohlen und an Jochen aus der 10 a weitergegeben. Friederike ist in Jochen verliebt. Schlimm ist nicht nur, dass Jochen nun ihre Schwärmereien brühwarm serviert bekommt, sondern auch, dass er nun lesen kann, dass sie in den Ferien nicht in Ibiza war, wie sie allen erzählt hat, sondern sich in einer Tagesklinik gegen Depressionen behandeln ließ.

Dies ist sicherlich ein schwerwiegender Übergriff, auf jeden Fall auch eine schädigende Handlung. Da dieser Vorfall bisher einmalig war, der erste Übergriff gegen Friederike, kann hier nicht von Mobbing gesprochen werden. Allerdings kann ein solcher Übergriff einen Mobbingprozess einleiten. In Friederikes Fall sah es anders aus. Als die Klasse von den Übergriffen erfuhr, solidarisierten sich die Schüler mit Friederike. Man war empört über den Verrat. Die Mitschüler schalteten auch den Klassenlehrer ein, der entsprechend aktiv wurde.

BEISPIEL

In der 7a stehen sich zwei Mädchencliquen gegenüber, die sich heftig bekämpfen. Die Jungen reden resigniert von Zickenkrieg. Die gegenseitigen Übergriffe sind zahlreich. Sie reichen von Internetattacken bis zu direkten körperlichen Übergriffen. Die Atmosphäre in der Klasse ist vergiftet. Aber die Mädchen werden von ihrer jeweiligen Clique gestützt. Und beide Cliquen begegnen sich in der Regel auf Augenhöhe.

Zwar zieht sich der geschilderte Konflikt schon über einen längeren Zeitraum hin, und schädigende Handlungen erfolgen regelmäßig. Dennoch kann man auch hier nicht von Mobbing sprechen. Das Gegeneinander basiert auf keinem Machtgefälle und führt so auch nicht zur sozialen Isolation Einzelner. Damit sind auch keine psychischen Folgen zu erwarten, die bei Mobbing die Regel sind (siehe Seite 33 f.). Die Betroffenen entwickeln kein defizitäres Selbstbild. Auch ist das Vorgehen hier ein anderes, denn diesen Konflikt können Sie schlichten. Mobbing dagegen ist zu beenden, nicht zu schlichten.

Wie sich Mobbing auf die Klasse auswirkt

Mobbing bedeutet, dass Übergriffe, Verletzungen von Regeln und Rücksichtslosigkeiten den **Alltag einer Klasse** über einen längeren Zeitraum bestimmen. Gleichzeitig erleben die Jugendlichen die Hilflosigkeit oder Ahnungslosigkeit der Schule. Die dauerhaften Übergriffe führen auch zu einer **Gewöhnung**. Das, was vorher als gemein und unfair empfunden wurde, wird nun zum Alltäglichen. Verhalten orientiert sich am Alltäglichen. So wird eine Klasse durch Mobbing verändert. Wertehaltungen sind nicht mehr etwas Selbstverständliches, aus dem man Sicherheiten gewinnen kann, sondern Worthülsen.

Wenn eine 5. Klasse erlebt, wie ein Mitschüler von drei Rädelsführern als homosexuell beschimpft wird und wie diese Beschimpfungen dazu führen, dass er isoliert wird, schafft das Angst, die realistisch ist. Jeder aus der Klasse weiß, dass die Vorhaltungen erlogen sind, aber alle erleben täglich, dass die Lügen den Jungen in die Isolation getrieben haben. Jeder realisiert, dass auch er Opfer werden kann. Als Reaktion darauf zeigen viele Jugendliche nur noch Verhaltensweisen, von denen sie sicher sein können, dass sie Gnade vor den Meinungsmachern finden. So finden Sie in fast allen Mobbingklassen einen hohen **Anpassungsdruck**. Wenige Jugendliche bestimmen, was man tut und was nicht. Das wirkt sich auch auf das Lernen in der Klasse aus. Alle Äußerungen, die jemanden angreifbar machen, werden nicht oder nur widerwillig gemacht.

BEISPIEL

Ein Musiklehrer berichtete mir: „Immer, wenn ich eine Klasse in der Mittelstufe neu übernehme, erlebe ich merkwürdige Unterschiede. Ich bitte zu Anfang die Schüler, mir ihre Lieblingsmusik und -musiker zu nennen, damit wir im Unterricht auf das eingehen können, was die Schüler hören und mögen. In einigen Klassen ernte ich dann nur Schweigen. Irgendwann habe ich dann einmal nachgefragt, woran das liegt. Die Antworten waren lakonisch. „Ich lass mich doch nicht fertigmachen." Musikvorlieben drücken ja auch die Persönlichkeit eines Menschen aus. Und gleichzeitig haben die meisten Jugendlichen keine sicheren Kategorien, weshalb eine Musik gut oder schlecht sein kann. So kann man jemanden leicht mit der Bemerkung „Den Scheiß hörst du?" vernichten. Inzwischen ist mir klar geworden, dass es in erster Linie Mobbingklassen sind, in denen sich die Schüler in ängstliches Schweigen flüchten."

Fazit

Mobbing behindert die Lernmöglichkeiten, macht auch den Unbeteiligten Angst, beschädigt nachdrücklich Wertehaltungen in der Klasse und zerstört Klassengemeinschaften.

Mobbing als Täterproblem

Mobber entschuldigen im Nachhinein ihre Übergriffe mit Schwächen oder Fehlern ihrer Opfer. Das ist ein vordergründiges Argument, selbst wenn die Schwächen wirklich existieren sollten. Denn jeder Mobber weiß, dass er unterschiedliche Möglichkeiten hat, auf Schwächen zu reagieren. Er hat sich für das Mobbing entschieden. Mobbing ist ja nichts, was man mal aus Versehen tut, sondern es ist eine systematische, sich wiederholende, geplante Gewaltform. Ein Mitschüler, der stottert, muss nicht zwangsläufig nachgeäfft werden, nicht wie selbstverständlich ausgelacht werden, sondern es ist auch möglich, ihm mit Geduld und Freundlichkeit zu begegnen. Diese Möglichkeit kennt auch der Mobber, er entscheidet sich aber für den Angriff.

Nicht alle Mobber sind gleich. Es gibt solche, die strategisch geschickt vorgehen, indem sie zum Beispiel andere vorschicken, um ihre Opfer zu demütigen, und es gibt Mobber, die plump und direkt ihre Attacken starten. Allerdings ist mir ein Muster aufgefallen, das zumindest häufig zu beobachten ist. Viele Mobber sind unfähig, empathisch zu handeln oder zu empfinden. Auf die Frage *„Kannst du dir vorstellen, was es für deinen Mitschüler bedeutet, wenn er von euch immer wieder ausgelacht und imitiert wird, wenn er stottert?"* ist eine typische Reaktion ein kurzes Zögern, auf das die Antwort *„Nee, kann ich nicht"* folgt.
Ebenso zeigen viele Mobber den Wunsch, Beachtung zu erfahren und im Mittelpunkt zu stehen. Diese Beachtung erreichen sie durch Übergriffe.

Ursachen von Mobbing

Mobbing lässt sich, wie viele soziale Phänomene, nicht auf eine einzige Ursache zurückführen.

Gesellschaftliche Ursachen

Individualisierung

In unserer Gesellschaft finden wir sich ändernde Kindheitsmuster. Die Sozialisation durch die Nachbarschaftsgruppe Gleichaltriger, durch die Kinder automatisch konstruktive Konfliktmuster ausprobieren, wird seltener. Kinder erleben ihre Kindheit zunehmend zu Hause. Die alltägliche Erfahrung, dass man die anderen für gelungene Spiele braucht und sich deshalb mit ihnen einigen muss, fehlt vielen modernen Kindern.
Diese Individualisierung, die von Sozialwissenschaftlern als die prägende gegenwärtige Entwicklung herausgestellt wird, führt zu einem Wertewandel und Werteverlust. Das wiederum führt zu Handlungsunsicherheiten. Und fehlende Sicherheit wird oft durch Aggression kompensiert.

Medienwelt

Auch der Einfluss der Medien spielt eine wichtige Rolle. Es geht hier nicht darum, die Gewalt in Videospielen für alles verantwortlich zu machen. Nach meinen Erfahrungen und Deutungen spielt die mediale Inszenierung von

Sadismus als Vergnügen wie z.B. in Castingshows eine wichtige Rolle dabei, dass die Hemmschwelle gegenüber Mobbing sinkt. Die nachmittäglichen Talkshows zeigen den Kindern Tag für Tag auf, dass es unterhaltsam und sozial verträglich ist, Schwächen anderer genussvoll auszubreiten und anzugreifen.

Familiäre Ursachen

In der Familie finden wir zunehmend ein verändertes Erziehungsverständnis. In Sprechstunden hören Lehrer immer häufiger merkwürdige Sätze wie *„Machen Sie das mal, ich weiß nicht mehr, wie ich mit meinem Sohn klarkommen soll. Sie haben das gelernt"* oder *„Ich bin die beste Freundin meiner Tochter"*. Bei vielen Mobbingtätern wechselt das Elternverhalten zwischen extremer Verwöhnung, Verschmelzung mit dem eigenen Kind und dessen Vernachlässigung. Das zeigt sich unter anderem darin, dass diese Eltern ihren Kindern grundsätzlich glauben, wenn es um Schulkonflikte geht. Sie wollen oder können sich nicht vorstellen, dass ihr Kind interessengeleitet berichtet und argumentiert.

Gesellschaftliche Entwicklungen und elterliche Erziehung sind weitgehend dem Einfluss der Schule entzogen. Deshalb konzentriert sich die Darstellung der Ursachen von Mobbing auf die Ursachen, die im Fehlverhalten der **Schule** liegen.

Ursachen, die sich im Umfeld „Schule" finden

Zunächst sollte die Annahme aufgegeben werden, dass es an Ihrer Schule kein Mobbing gibt. Mittelt man die weit auseinanderliegenden empirischen Befunde über die Häufigkeit schulischen Mobbings, so kann man davon ausgehen, dass jeder siebte bis zehnte Schüler im Laufe seiner Schulzeit Opfer von Mobbing wird. Allerdings ist diese Zahl nicht naturgegeben, sondern in erster Linie abhängig von den schulischen Konzepten selbst.

Lehrerverhalten

→ Lehrer, die sarkastisch und zynisch mit ihren Schülern umgehen, bieten Mobbern entsprechende Vorbilder. Die Methoden des Mobbings werden vorgelebt. Und das wiegt schwerer als jedes Lippenbekenntnis zum harmonischen Miteinander.

- Lehrer, die sich ausschließlich um die fachliche Vermittlung von Inhalten kümmern, signalisieren ihren Klassen, dass das Miteinander nicht von schulischem Interesse ist. Die Gleichgültigkeit gegenüber Schülern scheint weiter verbreitet, als man annimmt. Dies lässt sich auch durch empirische Befunde belegen: 80 % der Schüler, die wegen Mobbing die Klasse verlassen haben, geben an, in diesem Zusammenhang kein persönliches Wort mit einem Lehrer gesprochen zu haben.

- Lehrer, die Sanktionen androhen, aber sie nie vollziehen, vermitteln, dass Mobbing nichts Gravierendes ist, dass man ohne Risiko mobben kann und darf. Sie demonstrieren zugleich die Hilflosigkeit der Schule und erziehen Mobber dazu, Lippenbekenntnisse abzugeben, in denen Besserung versprochen wird. Eine dauerhaft vorgelebte Inkonsequenz entmutigt auch die Schüler, die den Lehrer als Bündnispartner gegen Mobbing gewinnen wollen. Die Opfer lernen, dass ihre Leiden nicht ernst genommen werden. Das inkonsequente Handeln kann auf mehrere Ursachen zurückgeführt werden:
  1. Angst, einen Fehler zu begehen, weil man unsicher ist, wie man mit Mobbing umgehen soll.
  2. Ein Zurückschrecken vor den Schwierigkeiten, lange Zurückliegendes aufzudecken.
  3. Furcht vor den Konflikten, die bei der Aufarbeitung von Mobbing entstehen können.

- Lehrer, die Angst vor ihren Klassen haben, suchen diese nicht selten durch Anbiederung zu überwinden. Anbiedern im Zusammenhang mit Mobbing heißt, gemeinsam mit den aggressiven Wortführern den erkennbar Schwachen bloßzustellen und anzugreifen. In diesem Fall geht es den gemobbten Schülern besonders schlecht. Ihre Beschwerden werden nicht nur ignoriert, sondern bilden den Anlass für neue Übergriffe.

Allerdings wäre es ein Fehler, Lehrer grundsätzlich für Mobbingprozesse verantwortlich zu machen, denn es gibt sehr gut geführte Klassen, in denen engagierte Lehrer unterrichten, in denen es aber trotzdem zu Mobbing kommt.

Schulprofil

Wenn einer Schule ein ethisches Grundverständnis fehlt, wirkt sich das auf die Gesamtheit der Erziehungsprozesse aus. Wegschauen und Gleichgültigkeit werden dann hingenommen. Die Außenwirkung, die man durch Leugnen von Konflikten erreichen will, wird als wichtiger empfunden als glaubwürdiges pädagogisches Handeln.

Fehlende Kooperation im Lehrerkollegium

In engem Zusammenhang mit der Ethik, die eine Schule verfolgt, liegt die Bereitschaft der Kollegen zur Kooperation. Kooperation heißt hier: gemeinsames, zielgerichtetes Handeln. Das ist die Basis, um Mobbing an einer Schule entgegenzuwirken. In einem verantwortungsbewussten Lehrerkollegium tauschen sich die Lehrkräfte aus, wenn sie problematische Verhaltensweisen in ihrer Klasse bemerken und entwickeln Konzepte, die auch gemeinsam durchgesetzt werden. Diese ethisch fundierte Zusammenarbeit wirkt auf den einzelnen Schüler und die Klassengemeinschaften zurück.
Es ist ein Unterschied, ob ein Einzelner sich in seinen Stunden gegen Lästereien ausspricht oder ob das gesamte Kollegium Umgangsregeln entwickelt und durchsetzt. Deshalb bildet die schulische Kooperation die Basis, um Mobbing erfolgreich entgegenzuwirken.

2 Erste Schritte gegen Mobbing

Zwei Mobbingfälle

FALLBEISPIEL 1

Meike und ihre Clique

Herr Wegmann ist ratlos. Die fröhliche Meike, Klassenstar der 9. Klasse, ist nicht wiederzuerkennen. Schon vor einem Monat ist ihm eine deutliche Veränderung in Meikes Verhalten aufgefallen, die immer noch andauert. Statt mit den Mädchen ihrer Clique herumzualbern, steht sie allein in der Schulhofecke. Meikes Fröhlichkeit ist verschwunden. Im Unterricht verstummt sie mehr und mehr. Auf seine Fragen, ob es ihr schlecht gehe oder ob sie ein Problem habe, reagiert Meike nur mit einem stummen Kopfschütteln. Herr Wegmann ist sich sicher: Irgendetwas ist in seiner Klasse vorgefallen. Allerdings weiß er nicht, worum es geht.

Erste Hinweise bekam er bei der Planung der Klassenfahrt nach Rügen: „Wir müssen die Zimmer verteilen", sagte er. „In der Jugendherberge gibt es 4er- und 6er-Zimmer. Überlegt euch doch einmal, wer mit wem auf ein Zimmer möchte." In der Klasse entstand Gemurmel. Die Schülerinnen und Schüler verständigten sich mit Blicken und Gesten. Meike nicht. Herr Wegmann beobachtete, wie sie erstarrte. Obwohl sie erkennbar dagegen ankämpfte, liefen ihr Tränen aus den Augen. Herr Wegmann trat an ihren Tisch: „Was ist denn los?" – Erst reagierte Meike gar nicht, doch dann rief sie laut, ohne Herrn Wegmann anzuschauen: „Ich fahr da nicht mit. Das tue ich mir nicht an!" Meike sprang auf und lief aus der Klasse. In das Schweigen seiner betreten blickenden Schüler fragte Herr Wegmann: „Kann mir einer erklären, was hier los ist?" – Er bekam keine Antwort.

Eine erste Klärung sollte ein nachmittägliches Telefonat mit Meikes Vater bringen, den Herr Wegmann von seinem Sportverein auch persönlich kennt. Meikes Vater dramatisierte die Situation nicht, sondern erwies sich als angenehmer, ruhiger Gesprächspartner: „Wissen Sie, Herr Wegmann, ich bin ja auch Außenstehender und dazu noch parteiisch. So genau kann ich Ihnen gar nicht sagen, was vorgefallen ist. Die Sache zieht sich schon fast zwei Monate hin. Sie wissen sicher, dass unsere Meike mit Karin, Julia, Kirsten und Iris befreundet war. Die fünf hingen ja ständig zusammen. Und auf einmal war es vorbei. Ohne jede Erklärung, so sagt mir zumindest meine Tochter. Die Mädchen würden sogar den Blickkontakt vermeiden. Anfangs haben wir Meike beruhigt, dass das wieder vorbeigehen würde und dass alles nicht so schlimm sei. Aber es hat sich nichts geändert, ist sogar noch schlimmer geworden. Meike erzählt, dass die vier weggehen, sobald sie nur in die Nähe kommt.

Fragen von ihr werden ignoriert. Im Sportunterricht erhält sie von keiner der vier einen Ball. Es ist so, als ob es Meike gar nicht gibt."
„Haben Sie eine Ahnung, was der Anlass für dieses Ausschweigen ist?", will Herr Wegmann wissen. „Nein, zumindest hat mir Meike nichts gesagt. Meine Frau und ich sind vollkommen ratlos. Und jetzt will Meike nicht mit auf die Klassenfahrt. Sie will sogar die Schule wechseln. Vielleicht gelingt es Ihnen ja, die Situation zu klären?" – „Ich werde es versuchen." Allerdings ist sich Herr Wegmann sehr unsicher, was er unternehmen soll.

FALLBEISPIEL 2

Markus, der Neue mit dem langen Haar
Markus ist neu in die Klasse 8 a gekommen. Frau Becher, seine Klassenlehrerin, erlebt ihn zunächst als netten, munteren Jugendlichen, der sich lebhaft am Unterricht beteiligt. Doch schon nach kurzer Zeit wandelt sich das Bild. Markus stört, äußert sich ihr und Mitschülern gegenüber zunehmend aggressiv. Seine anfangs erfreulichen Leistungen weisen inzwischen Mängel auf. Die Situation eskaliert, als sie während einer Pausenaufsicht auf dem Flur bemerkt, wie Markus und sein Klassenkamerad Kevin in eine heftige Keilerei verstrickt sind. Markus ist so wütend, dass er nicht auf ihre deutliche Aufforderung, sofort aufzuhören, reagiert. Im Gegenteil: Er zieht Kevin, der unter ihm am Boden liegt, an den Haaren, wohl in der Absicht, ihm mit der Faust ins Gesicht zu schlagen. Erst mit Hilfe eines Kollegen gelingt es Frau Becher, die beiden zu trennen, wobei Markus vor sich hin keucht, dass es jetzt genug sei. Frau Becher geht mit Markus und Kevin direkt ins Büro des Schulleiters. Dort zeigt sich Kevin versöhnlich. Das Vorgefallene sei halb so wild, ihm sei ja nichts Ernsthaftes geschehen. Außerdem habe er Markus vorher provoziert. Er habe eine Tintenpatrone in dessen Etui ausgedrückt. Das tue ihm leid. Er entschuldige sich jetzt, und damit sei die Sache ja wohl ausgestanden.
Irritiert nimmt Frau Becher die unerwartete Reaktion von Markus zur Kenntnis. „Du verlogenes Schwein!", stößt er hervor und beginnt, heftig zu weinen. Der Schulleiter schickt Kevin zurück in die Klasse und Markus nach Hause. Morgen, wenn sich Markus beruhigt habe, werde man den Vorfall klären und dann hoffentlich abschließen können.
Frau Becher reagiert anders. Irgendetwas, das ist ihr klar, läuft in ihrer Klasse schief. Diese plötzliche Einsicht passt ganz und gar nicht zu Kevins Verhalten, der sonst jedes Fehlverhalten wortreich abstreitet und ein Meister darin ist, anderen die Schuld zuzuschieben. Frau Becher nutzt ihre Freistunde und bittet Hannah, die Klassensprecherin zu einem Gespräch.

Nach anfänglichem Zögern der Schülerin und beharrlichem Nachfragen durch ihre Lehrerin stellt Hannah Folgendes dar: Kaum, dass Markus seine ersten Unterrichtstage hinter sich gebracht hatte, machten sich Kevin, Simon und Yannis über sein langes Haar lustig. Sie wurden von einigen aus der Klasse unterstützt, wobei die „Helfer" wechselten. Dann begannen sie, Markus als „schwule Sau" zu beschimpfen. Später gingen sie dazu über, auf seinen Platz zu spucken, ihn mit Stiften zu bewerfen und seine Sachen zu verstecken. Absichtlich beschmutzten sie dabei seine Sachen. So wurde zum Beispiel Markus' teure Goretex®-Jacke durch eine Pfütze gezogen. Wehrte sich Markus, griffen sie ihn zu dritt an, schlugen ihn, meist in den Magen, und stießen ihn gegen die Wand. Unterstützt wurden sie dabei von einigen Mitschülern.
Frau Becher, der die Aussagen von Hannah absolut glaubwürdig erscheinen, reagiert erschüttert: „Und ich habe von all dem nichts mitbekommen. – Warum habt ihr Markus nicht geholfen? Warum seid ihr nicht zu mir gekommen?" – Hannah antwortet darauf nur: „Sie waren immer zu mehreren. Außerdem hatte ich Angst."
Anschließend führt Frau Becher mit Kevin, Simon und Yannis ein Gespräch. Sie weisen alle Vorwürfe zurück, wirken jedoch verunsichert: Markus habe selbst Schuld, er habe sie ständig provoziert. Außerdem hätten sie sich schon bei ihm entschuldigt, als er in der Klasse war, um seine Sachen abzuholen. Er sei ja nach Hause geschickt worden.

Bewertung der beiden Mobbingfälle

Beide Vorfälle unterscheiden sich erheblich. Im Gegensatz zu Markus fällt es bei Meike schwer, einen eindeutigen Verstoß gegen die Schulordnung festzustellen. Man könnte höchstens anmahnen, dass sich die vier Mädchen verabredet haben, Meike zu schädigen.

Meike

Trotzdem handelt es sich auch hier um Mobbing: Die vier Mädchen üben gegenüber Meike Macht aus. Ihr Verhalten ist dauerhaft, das Ausschweigen erfolgt regelmäßig. So harmlos ihr Benehmen nach außen wirken mag, es ist ein grundsätzliches Verhalten. Sie nehmen in Kauf, dass Meike leidet, von Unsicherheiten und Ängsten gequält wird und sich vor der Klassenfahrt fürchtet. Vermutlich wollen sie diese Reaktionen sogar erreichen. Dass das Ausschweigen ein schädigendes Verhalten für Meike ist, zeigen deren Reaktionen.

Markus

Im Fall von Markus wurde in erheblichem Maße gegen die bestehende Schulordnung verstoßen. Neben Beleidigungen und körperlicher Gewalt kam es hier auch zu wiederholten Sachbeschädigungen. Betrachtet man das, was Markus zugestoßen ist, kann kein Zweifel bestehen, dass er das Opfer von Mobbing ist. Alle für Mobbing relevanten Parameter treffen hier ohne Einschränkung zu.

Fazit

So unterschiedlich die Mobbingformen in beiden Fällen auch sind, so führen doch beide dazu, dass die Opfer Schulangst entwickeln und sich in ihrem Verhalten und ihrer Persönlichkeit verändern.
In einer Hinsicht sind die Vorfälle jedoch untypisch: In der Regel erfahren Lehrer nicht, auch wenn sie nachfragen, ob ein Übergriff systematisch stattfindet oder eine einmalige Fehlhandlung ist. Denn oft ist Mobbing auf den ersten Blick nicht als solches zu erkennen. Das liegt auch daran, dass Mobbing sich aus vielen Einzelhandlungen zusammensetzt, die isoliert betrachtet harmlos erscheinen. Ein einmaliges Beschimpfen, eine einmalige rüde Zurückweisung, ein einmaliger Scherz auf Kosten eines Mitschülers sind nichts Dramatisches, das ein intensives Eingreifen erfordert. Auch finden die Übergriffe, die Mobbing ausmachen, in der Regel unbeobachtet statt: in kleinen Pausen, während Busfahrten, in Ecken des Schulhofes, auf Klassenfahrten in den Zimmern der Schüler. Der Lehrer kann das Problem meist nicht alleine erkennen.

Wollen Sie Mobbing aufdecken, kommt ein weiteres Problem dazu: Die Übergriffe liegen häufig schon längere Zeit zurück. Was wirklich passiert ist, kann im Regelfall nur vage rekonstruiert werden. Als Lehrer stehen Sie dann vor der kaum zu lösenden Aufgabe, zu unterscheiden, was Wahrheit, was Ausrede und was übertriebene Anklage ist. Diese grundlegende Schwierigkeit besteht immer. Sie kann auch der beste Ratgeber nicht ausräumen.
Allerdings ist schon viel erreicht, wenn Sie das Mobbing als solches erkennen. Denn dann können Sie entsprechend reagieren.

Mobbing wahrnehmen

Es gibt einige Indikatoren für Mobbing in der Klasse:

- **Das Opfer ist in der Regel in der Klasse sozial isoliert.** Er muss dauerhafte Übergriffe aushalten, die ihm die Missachtung seiner Person vor Augen führen. Diese Schüler werden wiederholt auf hässliche Weise **gehänselt, beschimpft, verhöhnt**. Sie sind oft allein und **ausgeschlossen aus der Gruppe**. Dies führt dazu, dass das **Selbstwertgefühl** des Opfers durch das Mobbing **nachhaltig beschädigt** wird, was wiederum entsprechende Reaktionen nach sich zieht: Viele Opfer ziehen sich zurück, reagieren gereizt auf Mitschüler, verändern sich sprunghaft, oft so, dass sie ähnlich aggressive Muster wie ihre Peiniger zeigen, ihre Leistungen lassen nach, sie zeigen sich oft ängstlich und verschlossen.
- **Die Gruppe entwickelt aggressive Verhaltensweisen.** Ein gemobbter Schüler wird oft bei Gruppenarbeiten ausgeschlossen und auf dem Schulhof isoliert. Die Gruppe reagiert auf Fehlleistungen mit offenem Spott, neigt zu Beschimpfungen. Übergriffe zeigen sich beim Sport oder auf Wandertagen, wenn man sich nicht kontrolliert fühlt. Häufig reagiert die Gruppe auf Interventionen so, als habe sie ein Recht, zu mobben. Übergriffe werden heruntergespielt. In vielen Mobbingklassen sinkt die Leistungsbereitschaft.

Was können Sie tun, wenn Sie einen Mobbingverdacht haben?

Austausch mit Kollegen

Wenn Sie auf Grund Ihrer Beobachtungen den Eindruck haben, dass ein Schüler in Ihrer Klasse gemobbt wird, sollten Sie sich zunächst mit ihren Kollegen austauschen. So lässt sich abklären, ob Übergriffe und schädigende Handlungen System haben oder Ausdruck von aggressiven Umgangsformen oder Einzelhandlungen sind. Wenn Sie im Zweifel sind, können Sie auch mit einem Schüler, dem Sie vertrauen, über Ihre Wahrnehmungen sprechen.

Offenes Gespräch mit der Klasse

Eine andere Möglichkeit besteht darin, dass Sie mit der Klasse offen über ihre Wahrnehmungen reden: *„Ich habe mitbekommen, dass während der Gruppenarbeit Marks Heft … Was läuft da eigentlich?"*
Hilfreich kann es auch sein, die Klasse über Mobbing zunächst theoretisch zu informieren und dann eine offene Diskussion anzustoßen: *„Hat das etwas mit euch zu tun?"*

Klassen-Soziogramm erstellen

Zum Beispiel kann das Erstellen eines Klassen-Soziogramms hilfreich sein. Zunächst werden nach dem Zufallsprinzip Kleingruppen gebildet. Jede Gruppe erhält eine größeres Blatt und Stifte. Die Gruppen bekommen den Arbeitsauftrag, ein Bild zu malen mit dem Titel: *„Unsere Klasse als Haus."*
Folgende Punkte sollten dabei berücksichtigt werden:
- ☑ In welchem Zustand ist das Haus?
- ☑ Finden alle im Haus Platz?
- ☑ Wie sind die Zimmer verteilt?
- ☑ Wie ist die Stimmung im Haus?
- ☑ Hat das Haus einen Garten?

Die Gruppen haben 20 Minuten Zeit, die Aufgabe zu lösen. Weisen Sie noch einmal vor der Gruppenarbeitsphase ausdrücklich darauf hin, dass es nicht das Ziel ist, jemanden bloßzustellen oder zu beleidigen. Bei der Präsentation der Ergebnisse können die Gruppen entweder selbst ihr Bild vorstellen, oder sie lassen den Rest der Klasse ihre Umsetzung der Aufgabe deuten, wobei die Gruppe die Interpretation der anderen kommentieren darf. Abschließend kann zusammen besprochen werden, welche Gemeinsamkeiten die Bilder haben und was Stärken und Probleme der Klasse sind. Auf dieser Grundlage können dann gemeinsam Handlungsstrategien entwickelt werden.

W-Fragen-Analyse

Mit Hilfe von einfachen Fragebögen können Sie feststellen, ob in Ihrer Klasse ein Mobbingproblem besteht. Ein Vorteil von Fragebögen ist, dass Sie den Schülern damit die Erfahrung vermitteln, dass sie selbst die Experten sind, die ihre Klasse am besten kennen und sehr wohl wissen, wo Probleme liegen. Sich als Experten wahrgenommen zu fühlen, erhöht die Bereitschaft für Veränderungen bzw. an Lösungen zu arbeiten.

So könnten Sie vorgehen:

Einleitende Worte:

- *Es interessiert mich als Lehrperson, zu erfahren, wie ihr die Klassengemeinschaft erlebt und wie ihr miteinander umgeht.*
- *Ich möchte euch Mut machen, heute auch Spannungen und Probleme, die ihr in der Klasse feststellt, zu sammeln. Es wird eine Chance sein, danach gemeinsam über Lösungen zu sprechen.*

Ich empfehle Ihnen dann, mit **zwei Einstiegsfragen** zu beginnen, zu denen sich die Schüler auf Papierstreifen oder Karteikarten selbständig Notizen machen.

Was läuft bei uns gut?
Was läuft bei uns schlecht?

Lassen Sie die Schüler ca. 10 bis 15 Minuten auf beliebig vielen Papierstreifen oder Karteikarten Stichworte notieren. Achten Sie in dieser Zeit darauf, dass niemand abschreibt. Anschließend werden die Notizen unter die beiden Fragestellungen gehängt. Fordern Sie alle auf, das Zusammengetragene zu lesen, gleiche oder ähnliche Stellungnahmen zusammenzuhängen.

Achtung: Es kann sein, dass der Name eines Schülers immer wieder genannt wird. Das kann ein Hinweis auf ein mögliches Mobbingproblem sein. Für den Betroffenen ist es eine enorme zusätzliche Belastung. Machen Sie diese Belastung zum Thema, z.B. mit der Frage: *„Wie würdet ihr euch fühlen, wenn euer Name mehrmals genannt wird?"* Das kann ein erster Schritt zum Spannungsabbau sein.

Alle hier angeführten Methoden zur Datenerhebung tragen dazu bei, dass Sie ein klareres Bild von Ihrer Klasse gewinnen und entscheiden können, ob es zu einer Fehlentwicklung im Miteinander gekommen ist. Nicht immer liefern die Befragungen letzte Klarheiten, ob es sich wirklich um Mobbing handelt. Zu einer weiteren Klärung sollten Sie deshalb intensive Gespräche mit dem Betroffenen, vermutlichen Tätern, der Klasse und Eltern führen.

Klären, ob es sich um Mobbing handelt

Weil Mobbing eine besondere Gewaltform ist, die sich durch Dauer und Struktur erheblich von anderen unterscheidet, besteht der erste Schritt für Sie als Lehrer in der endgültigen Klärung. Allerdings stellen sich hier häufig Schwierigkeiten ein: Von Schüler- und Elternseite werden Übergriffe jeglicher Art gerne schnell als Mobbing deklariert. Das beginnt schon bei eher harmlosen Ärgereien. Auch Eltern dramatisieren Übergriffe gegen ihr Kind immer wieder als Mobbing. Um Klarheit zu schaffen, die über die oben beschriebenen ersten Maßnahmen hinausgeht, sind folglich ernste Gespräche mit den Betroffenen unbedingt notwendig.

Folgende Fragen sollten im Gespräch geklärt werden:

- ☑ Worin bestehen die Übergriffe genau?
- ☑ Wer hat was getan?
- ☑ Gibt es Klassenkameraden, die das Vorgefallene beobachtet haben?
- ☑ Wie oft finden die Übergriffe statt?
- ☑ Wie lange dauern sie schon? Wann haben sie angefangen?
- ☑ Wie viele Schüler sind beteiligt?
- ☑ Gibt es Schüler, die dir helfen?
- ☑ Hast du dich/hat sich Ihr Kind gewehrt? Wie?
- ☑ Hast du/hat Ihr Kind gebeten, mit den Übergriffen aufzuhören? Und wie haben/hat dann die anderen/der andere reagiert?
- ☑ Welcher Lehrer hat was bemerkt?
- ☑ Wie reagieren die Mitschüler?

Diese Fragen führen zu einer ersten Einschätzung, können den Vorfall aber noch nicht definitiv klären. Prüfen Sie kritisch, ob die geschilderten Vorfälle die Bedingungen der Mobbingdefinition erfüllen (siehe Seite 10 ff.). Erst dann können Sie davon ausgehen, dass es sich tatsächlich um Mobbing handelt.

Widerstände? Trotzdem eingreifen!

Findet Mobbing in Schulen statt, wird die entsprechende Erkenntnis häufig unbewusst oder sogar gezielt verdrängt. Dies kann dazu führen, dass eine Intervention gegen Mobbing mit Widerständen verbunden ist.

Widerstände

Widerstände auf Täterseite

Intensiver Widerstand ist vom Täter bzw. der Tätergruppe zu erwarten. Mobbing hat als langfristige Gewaltform **Gruppenstrukturen** geschaffen. Es gibt nicht selten ein falsches Zusammengehörigkeitsgefühl: *„Wir gegen den Streber, den Außenseiter!"* Das stabilisiert eine Gruppe, zumindest kurzfristig. Wenn Sie sich also dafür entscheiden, gegen Mobbing in der Klasse vorzugehen, müssen Sie auch damit rechnen, gegen **bestehende Hierarchien** zu kämpfen. Die Mobbenden sind nur in Ausnahmefällen Schüler, die in der Klasse am Rand stehen, sondern meist handelt es sich um Jugendliche, die sich in der Klassenhierarchie einen oberen Platz erkämpft haben und nicht selten von der Solidarität ihrer Freunde gedeckt werden.

Die meisten Täter wissen sehr genau, dass sie nicht einwandfrei gehandelt haben, zumindest nicht im Sinne der Schulordnung. Greifen Sie als Lehrer ein und thematisieren das Mobbingproblem, bekommen die Täter Angst vor Sanktionen, eventuell auch davor, ihre Stellung in der Gruppe zu verlieren.

Typische Formen von Widerstand sind dann:
- leugnen,
- verharmlosen,
- Rollentausch, d.h., das Opfer wird zum Aggressor gemacht.

Widerstände auf Opferseite

Auf Widerstände treffen Sie auch nicht selten beim Opfer selbst. Die meisten haben **Angst**, dass sich durch das Aufdecken ihre Lage verschlimmert. Sie sehen sich als Petzer und Lehrerliebling an den Pranger gestellt. Auch haben sie Angst davor, bloßgestellt zu werden. Es ist offensichtlich schwer, sich selbst einzugestehen, dass man gemobbt wird. Bei fast allen mir bekannten Opfern habe ich große Scheu bemerkt, ihren Fall publik zu machen. In der langen Anti-Mobbingarbeit ist nur ein sehr geringer Teil der Übergriffe durch die Opfer selbst angezeigt worden. In der Regel sind es verantwortungsvolle Mitschüler, die intervenieren und das Mobbing öffentlich machen. Hier zeigt sich übrigens auch, wie schwer wiegend sich Mobbing auf das Selbstbewusstsein von Jugendlichen auswirkt. *„Nee, ich möchte nicht, das darüber gesprochen wird. Das ist mir peinlich. Außerdem: So schlimm wie Sie das sagen, ist das gar nicht. Aber wenn wir das lang und breit diskutieren, dann wird es noch schlimmer."*

Widerstände auf Elternseite

Widerstände finden sich jedoch nicht nur bei den Schülern. Zwar begrüßt es die Mehrzahl der Eltern einer Klasse, wenn gegen Mobbing etwas unternommen wird, jedoch stoßen konkrete Sanktionen dann doch häufig auf besonderen Widerstand. Für mich liegt daher folgende Deutung nahe: Da Mobbing eine sich wiederholende Handlung ist, also nicht als einmaliger Ausrutscher entschuldigt werden kann, haben Eltern Angst, dass ihre Kinder als charakterlich schlecht stigmatisiert werden. Sie haben wohl auch Angst, als **schlechter Erzieher** angeklagt zu werden oder sich eingestehen zu müssen, in der Erziehung versagt zu haben. Diese Ängste führen zu einem Abwehrverhalten.

Stellen Sie sich also bei Gesprächen mit den Eltern von Tätern auf folgende Äußerungen ein:

- ➜ *„Können Sie das beweisen?"*
- ➜ *„Sie spielen Kleinigkeiten hoch!"*
- ➜ *„Das ist doch ganz normal unter Jugendlichen!"*
- ➜ *„Das ist in der Freizeit passiert und geht die Schule nichts an."*
- ➜ *„Wenn Sie die Klasse besser im Griff hätten, wäre das nicht passiert."*
- ➜ *„Was haben Sie eigentlich gegen meine Tochter/meinen Sohn?"*
- ➜ *„Nur weil wir Türken sind." (Nation ist austauschbar.)*

Wappnen Sie sich auch gegen Angriffe auf Ihre Person. Die folgenden Zitate sind echt. Sie stammen aus Elterngesprächen oder aus Aussagen vor Konferenzen:

BEISPIELE

- ➜ *„Die wahre Schuld liegt doch bei Ihnen. Sie haben ihre Aufsichtspflicht vernachlässigt, und dafür soll meine Tochter büßen."*
  Die Tochter hatte, als Höhepunkt längerer Attacken, einer Mitschülerin die Bastelschere in die Handfläche gerammt.
- ➜ *„Sie haben doch Schuld an den ganzen Vorkommnissen. Hätten Sie die Videokamera nicht unbewacht gelassen, wäre das alles nicht geschehen."*
  Mehrere Schüler hatten einen Klassenkameraden gezwungen, mit der bloßen Hand die beschmutzte Toilette zu reinigen und dieses gefilmt.
- ➜ *„Sie sind doch Pädagoge. Weshalb mischen Sie sich ein und lassen die Jugendlichen nicht ihre Konflikte selbst klären?"*
  Fünf Jungen hatten sich abwechselnd auf das Gesicht ihres Mitschülers gesetzt und versucht, in seine Nase zu blähen, während ihn andere festhielten.

Widerstände von Unbeteiligten

Selbst bei vielen Unbeteiligten stößt das Vorgehen gegen Mobbing gelegentlich auf Widerstand. So haben viele Schüler ein **schlechtes Gewissen**, das zu entsprechenden Verleugnungen oder Verharmlosungen führt, weil sie, was bei längerem Mobbing relativ oft geschieht, punktuell mitgemacht haben. Auch haben sie sich mit ihrer Zuschauerrolle arrangiert. Die ist bequem und gewährt einen relativen Schutz vor der Gefahr, selbst Opfer zu werden. Sehr oft habe ich aber gerade in Klassen die Erfahrung gemacht, dass die Mehrzahl der Schüler sehr erleichtert ist, wenn Mobbing, das letztlich jeden bedroht, beendet wird.

Widerstände im Lehrerkollegium

Es gibt auch Kollegen, die sich dagegen sträuben, wenn in einer Klasse etwas gegen Mobbing unternommen werden soll. Vielleicht sehen sie ihre **eigene Kompetenz in Frage gestellt** und fühlen sich indirekt angegriffen.

Stellen Sie sich also im Kollegium auf abwehrende Äußerungen ein, wenn Sie „Mobbing" intern thematisieren:

- ➜ *„Ich versteh nicht, was du willst, das läuft doch prima in deiner Klasse."*
- ➜ *„Dass du ausgerechnet den schützen willst. Ist dir nicht klar, wie viel Ärger der macht?"*
- ➜ *„Deine Probleme möchte ich haben!"*
- ➜ *„Ich verstehe gar nicht, was du da immer zu sehen meinst. Bei mir funktioniert die Klasse großartig. Ich habe keinen Anlass zur Klage. Und wenn etwas nicht rundlief, habe ich das immer sofort geklärt."*

Widerstände von der Schulleitung

Aus vielen Elternbriefen und Kontakten weiß ich, dass häufig auch die Schulleitung verhindern will, dass Mobbing aufgedeckt wird und Täter bestraft werden. Hier spielt wohl die Angst vor der **schlechten Außenwirkung** eine entscheidende Rolle. Wenn es zudem aus Elternkreisen in der betreffenden Klasse keine Beschwerden gibt, wird versucht, das Vorgefallene als weniger schlimm abzuwiegeln. Hinzu kommt, dass Ordnungsmaßnahmen für die Schulleitung mit **viel Aufwand und Arbeit** verbunden sind. Das will man abwimmeln. Lassen Sie sich also nicht mit Aussagen wie den folgenden abspeisen.

„Mobbing? Bitte hängen Sie das nicht so hoch. Das sind alltägliche Konflikte in Ihrer Klasse. Ich habe da auch so meine Informationen. Und mit ein bisschen pädagogischem Geschick werden Sie das wohl ohne überflüssiges Aufsehen klären können."

Trotzdem eingreifen!

Nicht nur Gerichtsurteile sprechen eine klare Sprache: Mobbing darf nicht zugelassen werden. Institutionen, die ihrer Fürsorgepflicht nicht genügen, werden zu Schadensersatz verpflichtet. Über jeder juristischen Beurteilung dieses Sachverhaltes steht für mich aber die **pädagogische Verantwortung**, die Lehrer gegenüber Opfer, Klasse und den Tätern haben.

Mobbing beeinträchtigt jeden

- **Opfer:** Alsaker (2003) weist nach, dass Opfer neben vielen anderen Schädigungen ein signifikant schlechteres Selbstbild bekommen als ihre Mitschüler. Wie kann sich eine Persönlichkeit entwickeln, wenn ihr die Umwelt Achtung und Respekt verweigert? Viele Mobbingopfer müssen psychologisch betreut werden, viele erhalten Verletzungen, die ihr Leben lang andauern. Viele werden krank, an Leib und Seele. Viele verändern sich durch das Mobbing. Sie entwickeln neurotische Ticks, werden misstrauisch, überempfindlich oder selbst zu Tätern, die dann andere quälen.

  Das folgende Zitat zeigt deutlich auf, welche gravierenden Folgen Mobbing für das Opfer haben kann: *„Alle nationalen und internationalen Studien bestätigen die zum Teil erheblichen psychosomatischen und psychosozialen Auswirkungen von andauernden Schikanen. Die Folgen können kurz-, mittel- und langfristig auftreten und manchmal bis in das Erwachsenenalter reichen. Am häufigsten sind depressive Symptome, Traurigkeit, Einsamkeit und Rückzug. Das kann bis zu Selbstmordgedanken, Selbstmordversuchen oder zum Suizid führen. Häufig treten psychosomatische Symptome auf, die typisch für Dauerstress-Situationen sind: Kopf- und Bauchschmerzen, Übelkeit, Essstörungen, massive Schlafstörungen, Bettnässen. Bei vielen Mobbingopfern lassen die Schulleistungen nach, die Kinder können sich nicht mehr konzentrieren. Viele wollen nicht mehr in die Schule gehen, melden sich krank oder schwänzen. Mädchen reagieren eher mit Traurigkeit und Rückzug, während Jungen häufiger wütend sind, Rachegedanken haben und sich aggressiv zur Wehr setzen. Anhaltendes Mobbing setzt in vielen Fällen eine Abwärtsspirale in Gang:*

Wer über lange Zeit schlecht behandelt und ausgegrenzt wird, die Rolle des Versagers zugewiesen bekommt, verändert auch sein soziales Verhalten, geht nicht mehr positiv auf andere zu, wird misstrauisch oder aggressiv. Das erhöht wiederum die Wahrscheinlichkeit, weiter ausgegrenzt zu werden. So verwundert es nicht, dass die emotionalen und Verhaltensprobleme sich über Jahre als ziemlich stabil erwiesen. Trotz Klassenwechsels werden viele Mobbingopfer erneut schikaniert. Und auch von langfristigen Folgen solcher Rollenzuschreibungen und des damit verbundenen Leidens bis in das Erwachsenenalter wird berichtet." (Trenz, 2006)

- **Täter:** Die Täter lernen, dass Regelbrüche nicht nur nicht geahndet werden, sondern Erfolg und Anerkennung versprechen. Sie habitualisieren ihre aggressiven Umgangsformen. Man hilft auch ihnen, wenn man ihr Mobbing beendet. Mehrere Untersuchungen belegen, das „erfolgreiche" Mobber signifikant häufiger delinquent werden als Gleichaltrige aus gleichen Schichten.

- **Klasse:** Die Klasse selbst verändert sich zum Negativen. Man verlernt, was akzeptables soziales Verhalten ist, wenn Übergriffe und Regelbrüche zur Gewohnheit werden. Niemand mag sich mehr exponieren, aus Angst, lächerlich zu werden. Die Schüler einer Klasse sehen sehr wohl, ob die Schule bei Mobbing eingreift, es ignoriert oder nicht in der Lage ist, das für alle Sichtbare wahrzunehmen. Dementsprechend bewerten sie auch ihre Schule. Eine Schule, die Mobbing duldet, die nicht in der Lage ist, Mobbing zu erkennen, zerstört ihre Autorität und gibt ihren pädagogischen Anspruch auf. Auch in den Augen ihrer Schüler.

Mögliche Reaktionen

Daher ist es wichtig, trotz aller Widerstände einzugreifen!

- **Opfer:** Wenn Mobbende sich gegen die Intervention durch einen Lehrer wehren, kann man ihnen entgegnen, dass man sehr wohl selbst entscheiden könne, wann man eingreife und dass man andere Maßstäbe habe. Ein verängstigtes Opfer ist in seiner Angst unbedingt zu respektieren. Was es vertraulich gesagt hat, ist auch vertraulich zu behandeln. Trotzdem ist es nicht hinzunehmen, dass man durch die Angst des Opfers handlungsunfähig wird.
  Folgendes könnten Sie auf die Bedenken eines Opfers erwidern:
  „Ich werde alles, was du mir vertraulich gesagt hast, auch vertraulich behandeln. Aber ich habe selbst einiges in der Klasse wahrgenommen, habe mich

selbst bei Kollegen und einigen deiner Mitschüler informiert. Und das kann ich nicht ignorieren. Ich werde dich aber nicht bloßstellen und dich auf keinen Fall als möglichen Informanten benennen. Außerdem werde ich dich vor weiteren Übergriffen schützen."

- **Eltern:** Gegenüber Eltern hat sich eine betont sachliche Vorgehensweise als hilfreich erwiesen, in der Mobbing nicht dramatisiert wird.
„Es geht mir nicht darum, den Charakter ihres Kindes zu beurteilen, das kann ich auch gar nicht. Sondern ich will erreichen, dass es die Übergriffe gegenüber dem Mitschüler nicht weiterführt. – Auch möchte ich erreichen, dass sich ihr Kind für sein eigenes Handeln verantwortlich fühlt, und nicht die Schuld auf andere schiebt. Sein Mitschüler mag ein schwieriges Kind sein, aber das berechtigt keinen zu Übergriffen."

- **Lehrerkollegen/Schulleitung:** Problematischer gestalten sich die Auseinandersetzungen mit blockierenden Kollegen und Schulleitern. Der Hinweis auf Dienstpflichten mag zwar formaljuristisch in Ordnung sein, ist allgemein jedoch weniger erfolgsträchtig. Ich kann in diesem Fall nur zu einer gezielt sachlichen Argumentation raten. So ist der Imageverlust einer Schule deutlich größer, wenn sie sich dauerhaft hilflos und ignorierend gegen Mobbing verhält, statt sich engagiert gegen Mobbing zu stellen. Aus meiner Erfahrung kann ich hinzufügen, dass die Mehrzahl der Eltern es begrüßt, wenn eine Schule Mobbing offen und offensiv begegnet. Sicher macht es Mühe, bringt Unruhe und Widerstände. Jedoch sind Störungen, Fehlverhalten und Autoritätsverluste auf die Dauer viel schwerer auszuhalten. Eine Klasse, die unter einem ungelösten Mobbingproblem leidet, arbeitet weder gerne noch gut. Und sie ist für jeden Lehrer und jede Schule eine dauerhafte Belastung.

Vorgehensweisen gegen Mobbing

Unabhängig von der Überwindung der Widerstände gibt es verschiedene Vorgehensweisen gegen Mobbing, die Sie erfolgversprechend einsetzen können. Wichtig ist dabei, dass Sie die Methode immer dem jeweiligen Fall anpassen, denn nicht überall sind die gleichen Schritte wirksam.

Einzelgespräche

Jede Aufklärung eines Mobbingfalles beginnt mit einer **Erstinformation**. Das kann die eigene Beobachtung eines Übergriffes sein oder auch der Hinweis des Opfers, seiner Eltern oder eines Mitschülers. Als Nächstes sollte in jedem Fall das **ausführliche Gespräch mit dem Opfer** stehen. Es ist zu klären, worin das Mobbing genau bestanden hat, wie lange es sich schon hinzieht, wer was unternommen hat. Unter Umständen kann auch nach **Zeugen** gefragt werden: *„Wer hat beobachtet, wie …?"* Holen Sie sich **Unterstützung von Kollegen** und befragen Sie abschließend die **Täter**.

Erstellen Sie auf jeden Fall von allen Gesprächen ein **Gesprächsprotokoll**. Klären Sie dies noch einmal ab, bevor Sie das Gespräch beenden. Hier kann schon eine erste Weichenstellung vorgenommen werden: Geht es um Mobbing, das eindeutig zu klären ist, oder werden Widersprüche und gegenseitige Schuldzuweisungen auftauchen? Um sicherzugehen, sollte auch das Gespräch mit den anderen Beteiligten gesucht werden.

Fallbeispiele

Gehen wir noch einmal zu den beiden Fällen von Markus und Meike zurück, denn sie zeigen beide exemplarisch die Bandbreite möglichen Vorgehens gegen Mobbing auf.

Bei Meike gaben alle Beteiligten eine ähnliche Einschätzung des Vorgefallenen, sodass man hier die Klärung abschließen konnte.

Anders stellte sich das Mobbing gegen Markus dar. Nach dem Protokoll, das nach dem Gespräch mit Markus erstellt wurde, stellte er fünf Mitschüler als Haupttäter dar. Sie hätten ihn regelmäßig beschimpft, gestoßen, mit Stiften und anderem beworfen sowie seine Sachen versteckt und bewusst beschmutzt. Als die Klassenlehrerin nachfragte, bestritten alle die Vorwürfe.
Es habe wohl andauernd Streit mit Markus gegeben. Das sei aber von Markus ausgegangen. Wirklich Gravierendes sei nicht passiert. Markus würde übertreiben, das wüssten doch alle. Frau Becher informierte zunächst den Schulleiter über den Vorfall, auch darüber, dass sie bisher sehr widersprüchliche Aussagen bei einem Mobbingfall in ihrer Klasse hätte, sie aber unbedingt klären wolle, was geschehen sollte.
Sie führte deshalb unterstützt von einem Kollegen mehrere Einzelgespräche, in Freistunden oder nach dem Unterricht. Alle Gespräche wurden protokolliert. Die Schüler wurden vorher zur Wahrheit angehalten, abschließend wurden

die Protokolle vorgelesen und, wenn es nötig war, entsprechend korrigiert. Frau Becher begann die Nachforschungen, indem sie mit einer Schülerin ihres Vertrauens, der Klassensprecherin, sprach: *„In unserer Klasse ist viel schiefgelaufen. Das will ich korrigieren. Dazu brauche ich deine Hilfe. Ich bin mir sicher, dass es Übergriffe gegen Markus gab. Bitte schildere mir aus deiner Sicht, wie du die Vorfälle erlebt hast. Bitte berichte mir nur, was du selbst gesehen hast. Ich werde jetzt mit mehreren Schülern aus der Klasse reden, mit Beschuldigten und anderen, die nur zugesehen haben. Ich werde keinem erzählen, was ich von dir persönlich gehört habe, werde mich aber auf deine Aussage zur Beurteilung des Sachverhaltes beziehen."* Frau Becher ließ die Schülerin erzählen, fragte nur behutsam nach, bestand aber auf Genauigkeit: *„Du hast gesagt, dass man dann die Jacke von Markus in eine Schlammpfütze geworfen hat und mit den Füßen noch draufgetreten hat. Wer ist jetzt man? Ich muss das genau wissen. Und wer hat das noch gesehen?"*

Durch die Angaben der Klassensprecherin erhielt Frau Becher nicht nur Hinweise auf das Mobbing selbst, sondern auch auf Schüler, die es beobachtet hatten. Sie bestätigten die Aussagen der Klassensprecherin, aber auch die meisten von Markus. Allerdings sahen die Mitschüler nur vier Haupttäter. Mit ihnen wurde abschließend gesprochen. Frau Becher begann das Gespräch ähnlich wie das erste mit der Klassensprecherin, fügte aber hier hinzu: *„Wir haben bisher mit acht Schülern aus der Klasse gesprochen. In fast allen Aussagen wirst du beschuldigt, ohne wirklichen Anlass Folgendes gegen Markus unternommen zu haben: Bitte äußere dich dazu. Wir werden auf Grund unserer Ergebnisse überlegen, wie wir weiter vorgehen werden. Entscheidend ist für uns auch, ob du jetzt die Wahrheit sagst."*

Im Gespräch mit den Jungen gingen Frau Becher und ihr Kollege konkret auf einzelne Vorfälle ein. Sie wiesen sie auch darauf hin, wenn Mitschüler den Vorfall anders sahen, allerdings ohne jemanden namentlich zu benennen. Dieses Vorgehen war erfolgreich. Die vier Jungen gaben vieles zu, teilweise schoben sie sich gegenseitig die Schuld zu.

1. Schritt: Klärung der Situation
- Mit Informanten sprechen (Mitschüler, Eltern etc.)
- Das Opfer befragen
- Genau recherchieren

2. Schritt: Unterstützung organisieren
- Wer hilft mir? Zeit und Raum organisieren, Kollegen informieren, dass Schüler aus dem Unterricht zu Gesprächen geholt werden
- Festlegen, wer das Gesprächsprotokoll führt

3. Schritt: Gespräch mit den Tätern
Die Einzelgespräche haben den Nachteil, dass sie mit einem erheblichen Zeitaufwand verbunden sind. Auch sollten sie immer von zwei Lehrern durchgeführt werden, damit Aussagen nicht nachträglich abgestritten werden können. Wichtig ist es auch, ein Protokoll zu führen. Das macht den Schülern deutlich, wie ernsthaft die Sache gesehen wird. Das abschließende Vorlesen des Protokolls kann noch einmal zu wichtigen Korrekturen führen. Bei besonders gravierenden Vorkommnissen kann man auch die Protokolle unterschreiben lassen.

Alternative Vorgehensweisen aus der Praxis

Einen anderen, weniger aufwändigen Weg ging ein Kölner Gymnasium. Dort hatten drei Schüler fast ein Jahr lang eine Mitschülerin sexuell belästigt, indem sie die Hände auf ihre Bluse und Hose legten und dies laut kommentierten. Darauf bestellte sie der Klassenlehrer am Nachmittag in den Klassenraum. Die drei wurden so gesetzt, dass keiner Blickkontakt aufnehmen konnte, wohl aber beobachten konnte, was die anderen taten. Dann erhielt jeder von ihnen Klausurbögen. Sie wurden aufgefordert, alles über die Vorfälle aufzuschreiben, besonders auf die eigene Rolle und die ihrer beiden anderen Mitschüler einzugehen. Sie sollten mindestens eine Stunde lang schreiben. Die Maßnahme hatte Erfolg. Die Jungen belasteten sich gegenseitig, spielten aber ihr eigenes Verhalten herunter.

Ein ähnliches Konzept wird von einem Kollegen vertreten, der in seiner Schule als Beratungslehrer fungiert. Bei Mobbingfällen lässt er die ganze Klasse unter strenger Aufsicht durch zwei Lehrer aufschreiben, was vorgefallen ist und wer was getan hat. Der Klasse wurde zuvor gesagt, dass die Aussagen miteinander verglichen und dass Lügen sanktioniert würden. Der Kollege berichtet, dass er mit dieser Methode nur gute Erfahrungen gemacht habe.

Zusammenfassung

Mobbing entwickelt sich in der Regel unerkannt. Sichern Sie deshalb die Fakten und vertiefen Sie Ihr Wissen, indem Sie

- Mobbingvorwürfe konkret belegen lassen,
- mit dem Opfer sprechen,
- Schüler befragen, denen Sie vertrauen.

Halten Sie alle Ergebnisse **schriftlich** fest und **datieren** Sie Ihre Ergebnisse. Wenn Sie sich nach den ersten Klärungen nicht definitiv sicher über den Tatbestand sind, können die folgenden, alternativen oder ergänzenden Schritte Ihnen helfen. Auch hier sollten Sie alles Relevante schriftlich festhalten.

- Führen Sie am besten zusammen mit einem Kollegen Einzelgespräche. Weisen Sie dabei die Schüler auf Widersprüche hin. Befragen Sie unter Umständen auch Unbeteiligte.

  Und/oder:
- Lassen Sie alle Beteiligten gleichzeitig unter Aufsicht ein Protokoll über die Vorfälle anfertigen.

  Und/oder:
- Lassen Sie von der gesamten Klasse unter Klassenarbeitsbedingungen eine Darstellung der Vorfälle anfertigen.

Exkurs: Der *No Blame Approach*

In letzter Zeit haben verschiedene Initiativen, die einen *No Blame Approach* vertreten, von sich reden gemacht: Der „*No Blame Approach*“ (wörtlich „Keine-Schuld-Ansatz“) ist eine **lösungsorientierte Vorgehensweise** in der Tradition systematischer und kurzzeittherapeutischer Ansätze von Steve de Shazer und Insoo Berg. Er gibt Schulen ein einfaches Instrument an die Hand, bei Mobbing zum Wohl und Schutz der Mobbing-Betroffenen zu handeln, mit dem Ziel, Mobbing nachhaltig zu stoppen. Die besondere Faszination und gleichzeitig große Herausforderung des Ansatzes liegt darin begründet, dass – trotz der schwerwiegenden Problematik – **auf Schuldzuweisungen und Bestrafungen verzichtet** wird. Vielmehr vertraut der Ansatz auf die Ressourcen und Fähigkeiten von Kindern und Jugendlichen, selbst wirksame Lösungen herbeizuführen.

Vorgehensweise

Die Vorgehensweise, die beim *No Blame Approach* vorgeschlagen wird, ist bestechend einfach. Das Programm verläuft in drei Schritten:

1. Die Lehrkraft spricht mit Einverständnis der Eltern alleine mit dem Opfer, und zwar vor allem über dessen Gefühle. Sie fragt nicht nach dem Vorfall, sondern nur danach, wer mitgemacht hat.

2. Es wird eine so genannte **Unterstützergruppe** gebildet. Dazu gehören der oder die Täter, Mitläufer sowie Kinder, die in der Klasse durch ihr konstruktives soziales Verhalten aufgefallen sind. Nicht beteiligt ist das betroffene Mobbingopfer. Die Lehrkraft erzählt der Gruppe, wie sich das schikanierte Kind fühlt, aber keine Details über den Vorgang. Sie sagt der Gruppe, dass diese etwas verändern kann und für die Lösung des Problems Verantwortung übernimmt. Dann wird jedes Kind nach Vorschlägen gefragt, wie sich das Opfer besser fühlen kann. Ein weiteres Treffen wird vereinbart.

3. Eine Woche später spricht die Lehrkraft einzeln mit allen beteiligten Schülern, auch mit dem Opfer, was inzwischen geschehen ist. Wenn erforderlich, werden mehrfach Gespräche mit der Unterstützergruppe und später mit den einzelnen Beteiligten geführt.

Bewertung des *No Blame Approachs*

Zunächst ist nichts dagegen einzuwenden, wenn auf eine Sanktion und auf Kleinarbeit verzichtet wird. Nur ist das nicht in jedem Fall möglich. Eine Schule, die darauf verzichtet, schwere Übergriffe zur Kenntnis zu nehmen und zu sanktionieren, schafft so Präzedenzfälle. Sie setzt auf diese Art stillschweigend die eigene Hausordnung und eigene Maßstäbe außer Kraft.

Auch wendet sie sich gegen das Gerechtigkeitsgefühl von Unbeteiligten und vom Opfer, denn auch wenn der Lehrer der Gruppe keine Details über den Vorgang vermittelt, wissen die Schüler in der Regel, was passiert ist. Problematisch ist es auch, wenn die Täter selbst von ihrer Verantwortlichkeit abgekoppelt werden. Sie haben sich schließlich dazu entschieden, einen Mitschüler zu mobben. Zwang zum Mobben gibt es nicht. Mobber sollten dazu angehalten werden, sich selbst zu reflektieren. Das Schweigen über ihr Fehlverhalten führt da keinesfalls zu einer kritischen Selbstbesinnung.

Positiv beim *No Blame Approach* ist der Gedanke, die Zuschauer aus der Klasse zu ermutigen, als Akteure zu agieren. Peergruppenarbeit hilft sicherlich gegen Mobbing, aber auch hier ist Vorsicht geboten. Wieso sollten es die Kinder oder Jugendlichen plötzlich ohne Training und Ausbildung schaffen, langfristig und erfolgreich gegen das Mobbing zu arbeiten, zumal ihnen das vorher ja auch nicht gelungen ist?
Meiner Meinung nach kann es kein einheitliches Verfahren geben, das zur Lösung aller Mobbingfälle geeignet ist, sondern das Vorgehen ist fallbezogen zu entwickeln, auch wenn es Grundsätzliches gibt, dass bei allen Mobbingfällen befolgt werden sollte.
Wenn Sie sich derart über das Mobbing informiert haben, dass Sie wissen, wer was begangen hat, müssen Sie eine Entscheidung treffen, nämlich die Entscheidung, ob Sie das Mobbing in der Klasse sanktionieren müssen/wollen oder ob Sie der Meinung sind, dass das Mobbing ohne Strafe beendet werden kann.

Diese Entscheidung, die Sie mit Kollegen und gegebenenfalls der Schulleitung absprechen sollten, kann ebenfalls nicht durch Standards vorgegeben werden. Sie sollte sich – abgesehen vom konkreten Fall – an der Schulkultur Ihrer Schule, dem Gesetz und dem Alter der Betroffenen orientieren. Treffen eine gezielte Schädigung und klare Verletzungen von Schulordnung und allgemeinem Recht zusammen, darf auf keinen Fall auf eine Sanktion verzichtet werden. Dies trifft eindeutig zu in Fällen von Köperverletzungen, von Wegnahme und Zerstörung von Eigentum, von Erpressung, von sexuellen Übergriffen und bei gezielten Verleumdungen, die öffentlich verbreitet werden. Hier handelt es sich nicht um eine vollständige Aufzählung. Diese Liste soll Sie auf keinen Fall davon abhalten, jeden Einzelfall gründlich zu betrachten. Auch sollten Sie nicht wegen der Mühe, die eine Sanktion bereitet, auf ein sanktionierendes Verfahren bei gravierenden Verletzungen der Schulordnung verzichten.

Aus der Praxis

Um es noch einmal klarzustellen: Es geht auf keinen Fall um eine grundsätzliche Kritik am *No Blame Approach*, der viel Positives bewirken kann, besonders wenn Mobbing ohne Sanktion beigelegt werden kann. Problematisch erscheint mir dagegen, ein nicht sanktionierendes Vorgehen für alle Mobbingfälle zu generalisieren. Die folgende Darstellung basiert auf den Erfahrungen eines Kollegen:

BEISPIEL

„Ich habe vorher ziemlich erfolgreich den No-Blame-Unterstützergruppen-Ansatz eingesetzt, der aber jetzt nicht trägt. Es geht um einen Fall in einer 9. Klasse, den die Klasse eigentlich schon seit der 5. Klasse (!) mit sich schleppt. Die gemobbte Schülerin, ein extrem kleines Mädchen, das seinerseits im Laufe dieser gut vier Jahre seine anfangs sehr problematischen Aggressionen durch schulpsychologische und therapeutische Begleitung und Betreuung sehr gut im Griff hat, wird mittlerweile von einer Gruppe von 13 Mitschülern (Jungen wie Mädchen) drangsaliert.

Die Schülerin neigte zu Wutausbrüchen, wenn sie gereizt wurde. So gab es in der 6. Klasse einen Zwischenfall, bei dem die Schülerin, nachdem sie geärgert wurde, einen Stuhl auf die Gruppe, von der das Ärgern ausging, warf und anschließend noch eine Mitschülerin mit einem Zirkel stach. Bereits damals drängten einige Eltern darauf, dieses Kind von der Schule zu werfen. Das hat unsere Schule abgelehnt, allerdings erhielt die Schülerin einen Verweis. In der 8. Klasse rastete das Mädchen noch einmal aus. Nach der Provokation durch die Sitznachbarin schlug sie ihrer Mitschülerin mit der Faust heftig auf den Kopf. Reaktion von den Eltern des Mädchens: Strafanzeige wegen Körperverletzung und Schadenersatzansprüche im Nachhilfestundensatz für die ausgefallenen Unterrichtsstunden an die Eltern. Das Verfahren wurde natürlich eingestellt. Gemeinsam mit anderen Eltern wurde der erneute Versuch gestartet, das Mädchen aus der Klasse oder sogar aus der Schule werfen zu lassen. Es gab klare Pressionen gegenüber der Schulleitung, die zwar die Forderungen der Eltern zurückwies, jedoch im Rahmen einer Disziplinarkonferenz eben diese Maßnahmen als Konsequenz eines erneuten Fehlverhaltens androhte, falls die Schülerin noch einmal ein ähnliches Fehlverhalten zeigen sollte. Das heißt, dass in der Klasse bekannt war, dass eine erfolgreiche Provokation das erreichen könnte, was viele Eltern forderten.

Seit Unterrichtsbeginn nach den Sommerferien 08 gehen die Schikanen so weit, dass die Schülerin mehrfach zu Hause und mir gegenüber geäußert hat, sie könne bald nicht mehr zur Schule gehen. Der Klassenlehrer und ich sind ihre direkten Ansprechpartner und auch Anlaufstellen, die sie aufsucht, wenn sie merkt, dass möglicherweise ein Ausraster droht. Meine Vermutung für die Motivation der inzwischen großen Tätergruppe ist, dass die Mitschüler wollen, dass die Schülerin noch ein drittes Mal ausrastet, damit dann endlich die Entfernung aus der Klasse durchgesetzt werden kann. Es ist eine Vermutung, gesagt hat das so keiner.

Meine bisherigen Interventionen: Im März 08 gab es für diese Schülerin eine Unterstützergruppe, die zunächst auch erfolgreich zu sein schien. Darüber hinaus war die gesamte Klasse mit den damaligen beiden Klassenlehrern in der Schulpsychologischen Beratungsstelle und hatte mehrere Projekttage sowie im Sozialkundeunterricht bei mir eine Unterrichtsreihe zum Thema Mobbing. Die ganze Klasse hatte sich in der Beratungsstelle darauf geeinigt, dass man zukünftig respektvoll miteinander umgehen wollte.

Da alle diese Maßnahmen offensichtlich nicht zum gewünschten Ergebnis geführt haben, habe ich nach Rücksprache mit der Schulleitung und dem Klassenlehrer zusammen mit diesem die große Gruppe aus dem Unterricht heraus zum Konfrontationsgespräch gebeten. D.h., ich habe die Liste der Vorkommnisse vorgelesen, ohne Zuordnung zu den jeweiligen Tätern. Reaktion von einem Schüler: „Ganz ehrlich, ich weiß, dass 50 % von dem, was Sie gerade vorgelesen haben, auch genauso passiert ist, weil ich dabei war." Die anderen haben sich nicht geäußert. Die Frage, worin der Spaß bestehe und welches Ziel sie mit ihren Handlungen verfolgen, wurde nicht beantwortet. Ich habe den Schülern einen Verhaltensvertrag vorgelegt, in dem sie schriftlich formulieren sollten, wie sie sich zukünftig verhalten werden, und ich habe deutlich gemacht, dass dies die allerletzte Chance ist, das Ruder herumzureißen. Danach haben der Klassenlehrer und ich angedroht, dass es mit Klassenkonferenzen weitergehe, wenn sie sich nicht an ihre eigenen Vorgaben hielten.

Offensichtlich haben wir damit die Pläne einiger Mobbereltern durchkreuzt, das Mädchen aus Klasse und Schule zu verjagen. Sie haben sich zu Wort gemeldet, telefonisch, persönlich bei mir und dem Klassenlehrer und schriftlich bei der Schulleitung und drohen sogar mit „Konsequenzen". Gleichzeitig machen diese Aktivisten auch bei den übrigen Eltern der Klasse gegen uns Stimmung. Es tauchen abenteuerliche Gerüchte über uns auf. Wir hätten vor, die Klasse aufzulösen. Wir wollten 12 Schüler von der Schule werfen. Wir hätten die Schüler mit Drohungen und Erpressungen gefügig machen wollen.
Der Druck hatte Erfolg. Unser Schulleiter knickte ein und versicherte den Eltern, dass wir „das ja alles gar nicht so meinen". Gemeint war damit, dass wir auf Sanktionen gegen die Mobber auch in Zukunft verzichten sollten.
Heute kam ein weiteres absolut freches Schreiben. Die Eltern stellen unsere pädagogische Arbeit in Frage und stellen Forderungen: eine Aussprache mit uns und vor allem auch mit den Eltern der gemobbten Schülerin. Dies habe ich sofort verweigert. Das fehlte noch: ein Tribunal, und die Hackerei geht wieder los. Die Reaktionen der Eltern bestätigen so überdeutlich, dass Mobbereltern in der Regel keine kooperativen Eltern sind, dass es schon sehr erschreckend ist, welches Selbstverständnis diese Menschen haben."

Seit über vier Jahren agieren mehrere Schüler der Klasse gemeinschaftlich gegenüber einer Mitschülerin, die große Mühe hat, ihre Aggressionen zu kontrollieren. Sie wissen, dass das zur Folge haben kann, dass sie von der Schule verwiesen wird, weil sie angeblich eine Gefahr für die Mitschüler darstellt, aber es wird exakt versucht, genau diese Gefahr hervorzurufen. Mir ist nicht verständlich, weshalb bisher Sanktionen nur angedroht wurden.

Nach meiner Deutung hat auch die zögerliche Reaktion der Kollegen dieses Fehlverhalten erleichtert. Wenn über vier Jahre Quälereien gegenüber einer Mitschülerin geduldet werden, entsteht ein Gewohnheitsrecht. Deshalb reagieren wohl auch die Eltern so aufgebracht, dass ihre Kinder plötzlich nicht mehr dürfen sollen, was sie selbst ja unterstützen. Hier ist ein Rechtsempfinden völlig aus dem Takt geraten. Statt einer Mitschülerin beim Kampf gegen ihre Unbeherrschtheiten zu helfen, wird alles unternommen, dass diese wieder ausbrechen.

Notwendig wäre es auch, neben Sanktionen, die schon längst hatten ausgesprochen werden müssen, einen Elternabend durchzuführen, auf dem zunächst energisch den inszenierten Gerüchten entgegenzutreten wäre. Auch müsste die Haltung der Eltern thematisiert werden, die das Fehlverhalten und die Provokationen ihrer Kinder unterstützen.

Das Einknicken der Schulleitung ist nicht untypisch. Gegen den Willen ihrer Schulleitung haben die Kollegen keine Chance, erfolgreich dem Druck der Eltern zu begegnen. Und gleichzeitig motiviert das Zurückrudern zu neuen Attacken.

Fallbeispiele

Der Fall **Meike** kann ohne Sanktionen gelöst werden. Zwar haben sich die Schülerinnen abgesprochen, Meike zu ignorieren, und auch gegenseitig Druck ausgeübt, aber sonst keine Übergriffe begangen. Es gab keine weiteren Übergriffe, die gegen die Schulordnung verstoßen hätten.

Im Fall **Markus** sind meines Erachtens Sanktionen unvermeidlich. Nicht nur, weil seine Schulkarriere bedroht ist, sondern auch weil die vier Schüler Markus fortwährend gezielt beleidigt und seine Sachen beschädigt sowie wiederholt leichtere Formen der Körperverletzung begangen haben. Dabei war es ihnen gleichgültig, dass Markus in der Schule zu scheitern drohte.

3

Gezieltes Vorgehen gegen Mobbing

Sanktionen vorbereiten

Wenn Sie sich entschieden haben, ob Sie das Mobbing in Ihrer Klasse sanktionieren wollen oder nicht, sollten Sie alle direkt und indirekt Beteiligten über Ihr Vorgehen informieren. Dies ist unbedingt notwendig, wenn Sie Sanktionen verhängen wollen. In diesem Fall müssen Sie sich absichern. Halten Sie alle Gespräche zumindest in Stichpunkten schriftlich fest, denn bei Elterneinsprüchen gegen schulische Sanktionen taucht als beliebtes Argument regelmäßig auf, dass man auf der Elternseite zu spät informiert worden sei.

Gespräche mit Kollegen

Informieren Sie die **Schulleitung** und sprechen Sie ihr Vorgehen gegebenenfalls ab. Sprechen Sie auch mit den in der Klasse unterrichtenden **Kollegen**. Bitten Sie sie, einzugreifen, wenn sich in ihren Stunden Übergriffe fortsetzen. Was nutzt es, wenn die Schüler in Ihren Stunden das Mobben einstellen, es aber bei Kollegen munter fortsetzen? Auch kann man schon erste Maßnahmen absprechen, etwa Mobbende umsetzen, Hänseleien sanktionieren oder die Integration des Gemobbten unterstützen.

Gespräche mit Eltern

Als besonders schwierig haben sich die Gespräche mit Eltern herausgestellt. Die **Eltern des Opfers** wollen nicht selten Rache. Deshalb sollten Sie zunächst verhindern, dass sich diese Eltern direkt an die Eltern der Täter wenden. Das führt in der Regel zu einer Eskalation, denn sehr oft verteidigen diese ihre Kinder und erheben Gegenvorwürfe. Wenn dann die Täter den Eindruck haben, dass sie von ihren Eltern unterstützt werden, empfinden sie das nicht selten als Einladung zu weiteren Übergriffen.

Auf jeden Fall sollten Sie verhindern, dass Eltern von Mobbingopfern die Täter direkt konfrontieren. Meist agieren sie aus ihrem Zorn heraus unsachlich und aggressiv und setzen sich damit ins Unrecht. Beklagt sich dann die Gegenseite, wird die Klärung des Problems erheblich erschwert. So war der Vater einer 12-Jährigen so sehr erbost, weil seine Tochter von Mitschülern immer wieder gekniffen, geschlagen und geboxt wurde, dass er nach der Schule den Tätern auflauerte, sie heftig schüttelte und zwei von ihnen sogar kniff. Die anderen Eltern zeigten ihn an, und die Schule erteilte ihm Hausverbot.

Machen Sie deshalb den Eltern des Opfers eindringlich klar, dass Ihre Schule den Fall erkannt hat und das Mobbing beenden will. Machen Sie ebenso eindringlich klar, dass die Einmischung von Eltern für dieses Vorhaben hinderlich ist. Es ist günstig, wenn Sie dieses Gespräch in der Schule führen, nur bei großer Terminnot sollte zum Telefonhörer gegriffen werden.

Unangenehm sind auch die Gespräche mit den **Eltern der Täter**. Deshalb ist hier auch zu empfehlen, das Gespräch zusammen mit einem Kollegen in der Schule zu führen. Wir haben schon erlebt, dass Eltern es nach Telefonaten abgestritten haben, frühzeitig informiert worden zu sein, und mit dem Vorwurf „Verfahrensfehler" Sanktionen gegen mobbende Kinder verhindern wollten. Niemand hört gerne, dass sein Kind immer wieder einen Mitschüler gequält hat. Machen Sie den Eltern klar, dass Sie nicht den Charakter des Kindes verurteilen, den Sie in der Regel auch nicht wirklich beurteilen können, sondern dass es Ihnen darum geht, dass das negative Verhalten gegenüber einem Mitschüler nicht weiter fortgesetzt wird. Dass das auch eine Hilfe für die Mobbenden ist, begreifen viele Eltern nicht. Deshalb sollten Sie diesen Gedanken auf jeden Fall vermitteln.

Vorgehen in Gesprächen mit Eltern des Opfers

Leiten Sie das Gespräch mit der Aussage ein, dass Sie das Mobbing erkannt haben und dass es Ihr vordringliches Ziel ist, dieses Mobbing vollständig und dauerhaft zu beenden, und dass Sie deshalb die Eltern des gemobbten Kindes um Unterstützung bei diesem Vorhaben bitten. Dann sind die Eltern in der Regel bereit, Ihrem Vorgehen zu folgen:

„Guten Tag, Frau und Herr …, danke dass Sie zu diesem Gespräch erschienen sind. Mir ist klar geworden, dass es seit … sich wiederholende Übergriffe gegeben hat. Die Übergriffe bestanden in … und wurden besonders von drei Schülerinnen der Klasse ausgeübt. Mein Ziel ist es, Ihr Kind dauerhaft vor weiteren Angriffen zu schützen. Ich bitte Sie, mich bei diesem Vorhaben zu unterstützen. … Ich stelle mir Ihre Hilfe so vor: Bitte wirken Sie auf Ihre Tochter ein, dass Sie Ihnen und mir umgehend mitteilt, falls es trotz meiner Maßnahmen zu erneuten Übergriffen kommen sollte. Sagen Sie ihr auch, dass es nicht hilfreich ist, wenn sie die Mitschülerinnen, die sie ärgern, beschimpft. Sie wissen sicher, um wen es sich handelt. Außerdem habe ich auch eine dringende Bitte an Sie. Rufen Sie nicht die Eltern der betreffenden Mädchen an, greifen Sie bitte auch nicht persönlich ein, indem Sie beispielsweise die Mädchen zur Rede stellen. Ich kann ja gut verstehen, dass Sie auf diese Kinder Wut haben, aber es schadet Ihrer Tochter, wenn Sie direkt

eingreifen. Ich bitte Sie darum, mir zu vertrauen. Lassen Sie mir ... Wochen Zeit. Wenn Sie dann nicht mit der Entwicklung zufrieden sind, stehe ich Ihnen immer zu einem neuen Gespräch zur Verfügung."

Vorgehen in Gesprächen mit Eltern des Täters

Führen Sie das Gespräch so sachlich es geht. Beschreiben Sie, was vorgefallen ist, vermeiden Sie vorschnelle Urteile. Formulieren Sie in etwa so:

„Ihr Sohn hat, das steht für mich zweifelsfrei fest, wiederholt Übergriffe gegen seinen Mitschüler Markus begangen. Dabei hat er ihn in der Klasse vor mehreren Mitschülern laut – und das zitiere ich jetzt – als ‚Spasti', ‚schwule Sau' und ‚Hurenkind' bezeichnet. Ebenso hat er zusammen mit anderen seine Jacke in eine Pfütze geworfen und ist mit den Füßen darauf herumgesprungen. ... Dieses Verhalten kann und will ich in meiner Klasse nicht dulden. Ich bitte Sie jetzt um Folgendes: Wirken Sie auf Ihren Sohn ein, dass er sofort diese Übergriffe einstellt und unterstützen Sie auch meine Maßnahmen. Auch eine Sanktion. Die soll in erster Linie Ihrem Sohn klarmachen, dass wir als Schule sein Verhalten nicht dulden. Es nutzt ihm, wenn er erkennt, dass er keine weiteren Übergriffe gegen Markus durchführen darf, dass er sich falsch verhalten hat. Es schadet Ihrem Sohn, wenn man diese Handlungen kleinredet oder entschuldigt. Denn dann erkennt er nicht, was er falsch gemacht hat, und die Gefahr besteht, dass eine Verharmlosung ihn zu neuen Fehlhandlungen führt.

Vermeiden Sie dagegen eine wertende Darstellung, die eigentlich immer Widerspruch hervorruft: *„Ihr Sohn hat in menschenverachtender Weise seinen Mitschüler öffentlich gedemütigt und erniedrigt. Er hat niederträchtig und in gemeiner Absicht seine Kleidung ruiniert."*

Schulische Sanktionen vorbereiten

Wenn Sie eine schulische Sanktion durchführen wollen, sollten Sie die Eltern der Betroffenen ebenfalls darüber informieren. Lassen Sie sich aber nicht auf Verhandlungen ein, welche Strafe angemessen ist oder nicht. Wenn Sie in Übereinstimmung mit der Schulleitung eine Ordnungsstrafe verhängen wollen, weisen Sie die Eltern auf die bevorstehende Disziplinarkonferenz hin. Die schriftliche Einladung wird ihnen später sowieso zugestellt.

Das Opfer schützen

Wenn ein Mobbingfall aufgedeckt wird, geschieht es nach meinen Erfahrungen nicht selten, dass die Täter dem Opfer die Schuld daran zuschreiben und Rachegedanken hegen. Deshalb ist zunächst dafür zu sorgen, dass sich das Mobbing nicht verschärft und dass das Opfer vor Übergriffen geschützt wird.

Wie Opferschutz durchgeführt werden kann

Opferschutz findet in zwei Phasen statt.

- Als **schnelle Reaktion** geht es darum, das Opfer unmittelbar vor weiteren Übergriffen oder vor einer Steigerung des Mobbings zu schützen.
- Ein **dauerhafter Schutz**, der in der Beendigung des Mobbings besteht, kann nicht durch Ad-hoc-Maßnahmen erreicht werden.

Erstschutz des Opfers

Die folgenden Vorgaben konzentrieren sich auf den Erstschutz des Opfers. Sie sind relativ schnell und unkompliziert durchzuführen. Auch hier ist zu bedenken: Der Schutz des Mobbingopfers kann nicht schematisch durchgeführt werden. So muss im Fall Meike der Opferschutz nicht besonders betont werden, die Aktionen gegen Meike waren ja nicht von unkontrollierter Aggressivität geprägt. Anders liegt der Fall bei den Jungen, die Markus gequält haben.

Verallgemeinern wir die Argumentation zunächst: In der Regel ist anzunehmen, dass Täter, die länger gemobbt haben, kein schlechtes Gewissen haben. Denn sonst würden sie ja ihre schädigende Handlung nicht wieder und wieder ausführen. Sie sind oft nur durch den Hinweis auf Kenntnisse ihres Verhaltens und auf harte Konsequenzen von weiteren Aktionen gegen ihre Opfer abzubringen. Machen Sie den Mobbenden klar, dass jede weitere Aktion gegen das Opfer erhebliche Konsequenzen mit sich bringt.

„Ich weiß schon recht genau, was ihr bisher gegen Markus unternommen habt. Von Beschimpfungen bis zum Beschädigen seiner Sachen. Und ich erwarte, dass ihr sofort eure Aktionen einstellt. Und falls ihr jetzt gegen Markus etwas Besonderes unternehmen wollt, weil euer Mobbing herausgekommen ist, muss ich euch warnen. Übrigens, ihr müsst nicht glauben, dass wir nur Bescheid wissen, weil Markus uns informiert hätte. Es gibt inzwischen mehrere Schüler aus der Klasse, die mit eurem Verhalten nicht einverstanden sind."

Das Gespräch mit dem Gemobbten könnte so verlaufen:
„Ich habe mit den Mobbern und anderen Mitschülern gesprochen. Die Mobber wurden eindringlich von mir ermahnt, ab sofort alle Aktionen gegen dich einzustellen. Sie wissen, dass sie mit mir erheblichen Ärger bekommen, wenn sie dich weiter mobben. Die Mitschüler habe ich gebeten, bei neuen Übergriffen zu intervenieren und mich zu informieren. Bitte komm umgehend zu mir, wenn noch irgendetwas gegen dich unternommen wird. Ich kann dir nur helfen, wenn du mich informierst. Ich verspreche dir, dass ich keinem sagen werde, dass die Informationen von dir stammen.
Noch etwas ist sehr wichtig. Es ist in Ordnung, wenn du dich gegen Übergriffe wehrst, aber bitte halte dich dabei an die Regeln. Schlage nicht zu, das bringt nichts, setzt dich ins Unrecht. Beschimpfe auch nicht die Mobber, selbst wenn du noch so wütend bist. Das führt nur zu Gegenaktionen. Sage ihnen am besten energisch, dass sie sofort mit dem Quatsch aufhören sollen. Sag das so laut, dass deine Mitschüler dich hören können."

Auch Mitschüler, denen Sie vertrauen, sollten Sie bitten, einzuschreiten, wenn die Mobber wieder aktiv werden. Allerdings sollte das nicht die spätere, gründliche Arbeit mit der gesamten Klasse ersetzen. Ebenfalls sollten Sie alle in der Klasse unterrichtenden Kollegen über das Mobbing informieren und diese bitten, sofort zu intervenieren, wenn weitere Übergriffe gegen das Opfer unternommen werden.

Der Opferschutz sollte folgende Schritte beinhalten:

☑ Das Gespräch mit dem Opfer, wobei es aufgefordert wird, bei jeder Form von erneutem Übergriff sofort Kontakt mit der Lehrperson aufzunehmen.

☑ Das eindringliche Gespräch mit den Tätern, das ihnen aufzeigt, dass man sehr wohl über das Mobbing informiert ist, und sie eindringlich davor warnt, dies in irgendeiner Form fortzusetzen.

☑ Die Aktivierung einer Unterstützergruppe. Die Mitschüler werden besonders dazu angehalten, Übergriffe dem Lehrer mitzuteilen.

☑ Information der Kollegen. Auch die anderen Lehrer, die in der Klasse unterrichten, werden gebeten, unmittelbar einzugreifen, wenn sie irgendeine Form von Übergriff feststellen.

Gefährlicher Unfug: *„Du musst dich nur wehren!"*

Das Opfer muss zunächst dazu angehalten werden, sich selbst zu schützen. In diesem Zusammenhang geschieht viel Schlimmes und Dummes. Opfer hören häufig von Eltern, Freunden oder Lehrern den Satz: *„Du musst dich nur wehren!"* Der Ratschlag suggeriert unausgesprochen, dass das Mobbing bei entsprechender Gegenwehr simpel zu beenden sei. Er unterstellt, dass sich das Opfer bisher noch nicht gewehrt hat und schreibt ihm, auch wenn es nicht ausdrücklich artikuliert wird, eine Teilschuld an seiner Situation zu. Hält man sich vor Augen, dass die Opfer in der Regel ein Problem mit dem Selbstwertgefühl haben oder bekommen haben, dann zielt dieser Ratschlag genau in die falsche Richtung.
Die Aufforderung, sich doch endlich zu wehren, ist noch aus einem weiteren Grund gefährlich für das Opfer. Denn sie liefert keine Strategie. Wie soll man sich gegen fünf Mitschüler, die einen dauernd beleidigen, denn zur Wehr setzen und wie gegen die Schläge von körperlich Überlegenen? Mobbingopfer, die sich die Strategie zu Herzen genommen haben und sich auf irgendeine Art zu wehren begonnen haben, erlebten zumeist schlimme Misserfolge.

So war Julia es leid, dass drei ihrer Mitschülerinnen immer wieder miese Kommentare über ihre Eltern losließen. Schließlich brüllte sie Jasmin, die Anführerin, an: *„Deine Mutter geht auf den Strich!"* – Jasmin hatte Zeugen. Gemeinsam mit ihnen beschwerte sie sich bei der Klassenlehrerin. Die tat Julias Aussagen, ihre Eltern seien vorher beschimpft worden, als Schutzbehauptungen ab, wohl auch, weil Jasmin und ihre Zeuginnen Julia lauthals widersprachen.

Tobias war es leid, dass ihn Niko und Timm immer wieder boxten. Er schlug zurück. Zunächst waren die Angreifer verblüfft, da schon jeder allein Tobias überlegen war, doch dann verprügelten sie ihn wie nie zuvor. Als Tobias dann weinend und aus der Nase blutend fortlief, rief ihm Niko höhnisch hinterher: *„Und wenn du dich beschweren willst, denk daran: Du hast angefangen."*

Die beiden Beispiele kann man so zusammenfassen: Die Aufforderung, sich doch endlich zu wehren, nutzt dem Opfer nicht, wenn man ihm nicht zeigen kann, wie es sich wehren möge. Oft greifen Opfer in ihrer Verzweiflung zur Eskalation. Diese provoziert im Regelfall wiederum eine Eskalation durch die Mobber, und Mobber sind erfolgreicher aggressiv als ihre Opfer. Sie haben es ja lange genug geübt.

Folgende Strategien können dem Opfer helfen:

- Es kann lernen, den Täter zu konfrontieren. Bei körperlichen Angriffen hilft es, laut zu werden, die Aufmerksamkeit Dritter zu erregen, laut zu fragen oder zu protestieren: *„Hör auf, mich zu schlagen. Lass das! Was soll der Unsinn? Lass mich in Ruhe. Ich will mich nicht mit dir schlagen."* In schwierigen Situationen sollte man Mitschüler um Hilfe bitten, die in der Nähe sind, und sie mit ihrem Namen ansprechen: *„Annika, gehst du bitte zu unserem Klassenlehrer und sagst ihm, dass …"*

Bei sprachlichen Angriffen gilt die Grundregel: *„Spiel das Spiel nicht mit!"* Wenn jemand über die Kleidung, die Eltern, das Äußere usw. lästert, ist es schädlich, sich auf die Strategie einzulassen, die eigene Kleidung, die Eltern, das Äußere zu verteidigen. Wenn ein Gemobbter oder auch jemand, der ihn unterstützt, Lästern mit Gegenlästern beantwortet, kann er nicht nur dabei verlieren, sondern er akzeptiert sogar unbewusst den Angriff. Außerdem sind Mobber in dieser Form der Kommunikation geübt, sie sind in der Regel aggressiver und schlagfertiger als ihre Opfer. Erfolgreicher ist daher die Strategie, den Angriff oder den Angreifer selbst zu thematisieren, aber nur, wenn dies selbstbewusst und klar vertreten wird. Deshalb sollten Sie oder die Eltern **mit dem Opfer diese Strategie einüben**.

1. **Strategien gegen den Angriff:** *„Hast du peinliche Klamotten an."*

- *„Was geht dich meine Kleidung an?"*
- *„Ich habe keine Lust, mich mit dir zu streiten. Vielleicht findest du jemand anderen."*
- *„Meinst du, dass du mich damit ärgerst?"*
- *„Immer dasselbe. Lass dir doch mal was Neues einfallen."*
- *„Findest du das lustig?"*

2. **Strategien gegen den Angreifer:** *„Hast du peinliche Klamotten an."*

- *„Ah, der Modemeister meldet sich. Wie nett."*
- *„Was willst du damit erreichen, dass du vor allen über meine Kleidung lästerst?"*
- *„Brauchst du das, über andere herzuziehen? Geht es dir dann besser?"*

Das Grundmuster dieser Strategien liegt darin, dass sich in jedem Angriff die Schwäche des Angreifenden zeigt. Sie gilt es anzusprechen, allerdings in eskalierender Form. Die Reaktionen des Angegriffenen können sehr allgemein bleiben, sich auf jede Form von Angriff beziehen (*„Was soll das? Ich habe keine Lust, mich zu streiten!"*) oder konkret auf den Angriff eingehen (*„Ich bin also schwul, sagst du, aber wer von uns beiden interessiert sich denn für die Sexualität anderer Männer?"*). Entscheidend ist, dass die **Reaktionen selbstbewusst** und **klar** erfolgen.

Keine Schlichtung bei Mobbing

An vielen Schulen arbeiten inzwischen Streitschlichter. Das sind Schüler, die ausgebildet werden, um Konflikte zwischen Schülern zu lösen. Gute Schlichter moderieren das Streitgespräch, nehmen sich zurück, setzen die Schlichtungsregeln durch und versuchen, die Konfliktparteien dazu zu bringen, eigenständige Lösungsvorschläge zu entwickeln, die dann von beiden Parteien mit einem Vertrag besiegelt werden. Die Lösungen entstehen in der Regel auf der Basis von Kompromissen, die die Streitenden eingehen. Es liegt auf den ersten Blick nah, Mobbing durch Schlichter lösen zu lassen, aber nur auf den ersten Blick.

Im Gegensatz zum typischen Konflikt sind bei Mobbing in der Regel mehrere beteiligt. Mobbing wird nicht gelöst, wenn ein Protagonist stellvertretend für die anderen eingesetzt wird. Man stelle sich dagegen eine Schlichtung vor, in der fünf Mobber einem Opfer gegenüberstehen. Hier sind Schülerschlichter hoffnungslos überfordert. Überfordert sind sie auch auf Grund ihrer Ausbildung, sich moderativ zurückzuhalten. Bei Mobbing ist oft konfrontatives Verhalten notwendig. Problematisch ist, dass die Streitschlichtung einen Kompromiss anstrebt. Soll bei einem Mobbing, in dem über die Kleidung gelästert wird, das Opfer sich besser anziehen, damit der Täter aufhört, sich herabsetzend zu äußern? Soll sich im Falle sexueller Belästigung das Opfer weniger aufreizend anziehen?

Deshalb wirken sich Schlichtungen beim Mobbing meist negativ aus. Die Schlichter durchschauen die Vorfälle nicht, das Opfer wird aufgefordert, sich zu ändern, und den Tätern wird zumindest in Ansätzen durch den erzielten Kompromiss Recht gegeben.

Fazit: Mobbing ist zu beenden. Ohne jeden Kompromiss!

Zielen Sie auf eine Versöhnung

Der wirkungsvollste Schutz vor Mobbing wird dann erreicht, wenn es gelingt, Täter und Opfer dauerhaft zu versöhnen. Man sollte sich jedoch vor der Illusion hüten, dass dies in allen Fällen zu erreichen ist. Manchmal sitzen Erbitterung und gegenseitige Verachtung zu tief. Wann eine Versöhnung anzusetzen ist, liegt wiederum an der Struktur des jeweiligen Falles: Bei Meike und ihren Mitschülerinnen war sie der naheliegende nächste Schritt. Anders sah es im Fall Markus aus, bei dem sich die Mobber ins Leugnen und Herunterspielen flüchteten und sogar versuchten, Markus zum eigentlichen Täter zu machen. Hier wären sie höchstens zum Schein auf eine versöhnende Aussprache eingegangen.

Um es auf den Punkt zu bringen: **Eine Versöhnung kann nicht erzwungen werden.** Fehlt die Bereitschaft, so besteht die Gefahr, ungewollt eine Heuchelei von Reue und Einsicht zu inszenieren, die in den Tätern das Gefühl hämischer Überlegenheit hinterlässt.

Eine Versöhnung lässt sich in der Schrittfolge des *No Blame Approaches* (s. S. 39 ff.) durchführen. Ich selbst habe mit einem ähnlichen Vorgehen gute Erfahrungen gemacht, das auf folgender Schrittfolge basiert.

- Mit beiden Parteien werden **getrennte Vorgespräche** geführt, um die **Versöhnungsbereitschaft festzustellen**. Falls Sie davon ausgehen können, dass das Gespräch gewünscht wird, legen Sie einen gemeinsamen Gesprächstermin fest. Achten Sie darauf, dass Sie nicht unter Zeitdruck geraten.
- Zu dem Gespräch sollten Sie den Gemobbten und die Täter einladen. Wenn es der Gemobbte wünscht, kann er Schüler, die ihn unterstützen, ebenfalls zum Gespräch hinzuziehen. Als Regelfall sollten Sie, je nach Größe der Gruppe, zwei oder drei Mitschüler aus der Klasse hinzuziehen, die Sie als verantwortungsvoll wahrgenommen haben. Das muss nicht immer der Klassensprecher sein. Als positiv hat sich herausgestellt, wenn Sie von einem weiteren Kollegen unterstützt werden.
- Das Gespräch sollte mit klaren Zielvorgaben und der Nennung von Gesprächsregeln eingeleitet werden: *„Wir sitzen jetzt zusammen, um zu erreichen, dass ihr in Zukunft vernünftig miteinander umgehen und arbeiten könnt. Es geht jetzt nicht darum, das Fehlverhalten Einzelner auszubreiten, sondern gemeinsam die Frage zu beantworten, wie es mit euch in der Klasse weitergehen kann. Ich möchte auch, dass wir uns an Verabredungen halten. Deshalb werde*

ich Wichtiges mitschreiben und es euch am Ende des Gesprächs noch einmal vorlesen. Wenn etwas eurer Meinung nach nicht stimmt, korrigiere ich es."

→ Um das Ziel Einigung zu erreichen, geben Sie den Teilnehmern klare Gesprächsregeln vor. – **Niemand wird beschimpft.** – **Jeder hört zu.** – **Jeder darf aussprechen.** – **Jeder spricht nur für sich**. Besonders die letzte Regel hat sich als wichtig herausgestellt, da Mobbende sich gerne hinter dem kollektiven Wir verbergen. (*„Wir mögen den alle nicht."*) Es geht dabei nicht um sprachliche Floskeln, sondern darum, dass jeder für sich selbst spricht und für sein Verhalten die Verantwortlichkeit übernimmt. Auch sind sprachliche Aggressionen, die einer Versöhnung im Wege sind, seltener, wenn sich der Sprecher direkt äußern muss und sich nicht hinter der Wir-Gruppe verbergen kann. Greifen Sie sofort ein, wenn gegen diese Regeln verstoßen wird. Behandeln Sie in diesem Fall Opfer und Täter gleich. – Zur Sicherung kann man auch einen Flipchartbogen aufhängen, auf dem die Gesprächsregeln stehen.

→ Wenn der Gemobbte zum Vorgefallenen genügend Distanz hat und sprachlich kompetent ist, lassen Sie im Anschluss an die Festlegung der Regeln berichten, wie sich das Mobbing aus seiner Sicht dargestellt hat, wie er die Übergriffe erlebt hat. Dabei ist unbedingt darauf zu achten, dass er keinen namentlich anklagt, also nicht sagt: *„Sven hat meinen Mantel zerrissen"*, sondern berichtet: *„Und dann ist mein Mantel zerrissen worden."* Dieses Vorgehen hat zunächst einen pragmatischen Grund. Das Gespräch glitte schnell in Rede und Gegenrede ab, wenn ein Beteiligter namentlich beschuldigt würde. Statt zu einer Einigung käme man zu einer Art Gerichtsverhandlung, in der Sie das Problem hätten, die Schuld zweifelsfrei festzustellen. Wenn der Gemobbte zu einer solchen sachlichen Darstellung in der Lage ist, hat das den Vorteil, dass er aus der Opferrolle heraustritt und zum Akteur wird, ein Rollenwechsel, der zur Beendigung von Mobbing notwendig ist. Auch kann eine Darstellung von Übergriffen, die nicht direkt anklagt oder angreift, zu Empathie mit dem Opfer führen. Manchmal wird so auch den Tätern deutlich, wie sehr sie mit ihrem Verhalten einen anderen verletzt haben.

→ Wenn Sie nicht sicher sind, ob das Mobbingopfer in der Lage ist, die Vorfälle angemessen darzustellen, fassen Sie selbst aus Ihrer Sicht das Geschehen zusammen. Hüten Sie sich dabei vor Spekulationen und der Bloßstellung von Einzelnen. Sonst provozieren Sie Widerstände, Trotz, Leugnen und ein Scheitern der Gespräches. – Das habe ich selbst schon leidvoll erfahren.

- Lenken Sie, möglichst dezent, das Gespräch auf **Lösungen** hin.
- Sie sollten davon ausgehen, dass die Beteiligten aufgeregt und nervös sind. Wenn Sie die einzelnen Beiträge in unregelmäßigen Abständen zusammenfassen, versachlichen Sie das Gespräch und können gleichzeitig Wichtiges akzentuieren.
- Schreiben Sie mit. Erstellen Sie ein **Protokoll**. Lesen Sie Ihre Mitschriften nach nicht zu langen Abständen vor, fragen Sie, ob die Beteiligten mit der Mitschrift einverstanden sind und ändern Sie das Protokoll, wenn es Einsprüche gibt. Dieses behutsame, langsame Verfahren trägt ebenfalls zu einer Versachlichung bei. Gleichzeitig wird den Schülern bewusst, dass dieses Gespräch wichtig ist und von der Schule ernst genommen wird.
- Lassen Sie die Gruppe eine Lösung entwickeln, indem Sie die Frage beantworten lassen: **Wie wollt ihr in Zukunft miteinander umgehen?** Bitte hüten Sie sich vor schnellen Reaktionen. Die Schüler sollen konstruktive und machbare Vorschläge ausarbeiten. Es bringt nichts, wenn sie formulieren, dass sie sich in Zukunft aus dem Weg gehen wollen. Das ist in einer Klasse schlechterdings nicht möglich. Wenn der Gemobbte Schüler zu seiner Unterstützung mitgebracht hat, können Sie diese Frage zunächst getrennt nach Gruppen (Mobber vs. Opfer + Unterstützer) bearbeiten lassen. Die Vorschläge sollten schriftlich formuliert werden. Das zwingt zu Genauigkeit und zur Verbindlichkeit.
- In einem nächsten Schritt sollten die Ergebnisse miteinander abgeglichen werden. Die Schlüsselfrage lautet hier, ob jede Partei mit dem Vorschlag der anderen einverstanden ist oder ob es Wünsche gibt, die noch eingearbeitet werden sollten.
- Halten Sie die Ergebnisse schriftlich fest und lassen Sie sie unterschreiben.
- Legen Sie einen Termin fest, an dem Sie sich mit allen Beteiligten wieder treffen. Als vorteilhaft hat sich eine Frist von drei Wochen herausgestellt. Der Termin liegt noch in vorstellbarer Nähe. Außerdem gibt er allen Beteiligten Zeit, ein anderes Verhalten einzuüben.
- Prüfen Sie zum festgelegten Zeitpunkt nach, ob die Vereinbarungen eingehalten wurden.

Exkurs: Das Gespräch mit Meike und ihren Mitschülerinnen

An dem Gespräch nahmen teil: Meike, die Klassensprecherin, Martin und Timm, Schüler, deren Teilnahme von Meike gewünscht waren, und von der Gegenseite Karin, Julia, Kirsten und Iris sowie Herr Wegmann als Klassenlehrer und der Beratungslehrer Herr Weis. Dieser führte Protokoll, während Herr Wegmann das Gespräch leitete.

Die Gesprächsregeln (keine Beschimpfungen, zuhören, ausreden lassen, per Ich zu sprechen) wurden von den Beteiligten akzeptiert. Dann begann Meike mit ihrem Bericht. Sie hielt sich an die Vorgaben, keinen namentlich anzuklagen, und sie schilderte sehr eindringlich, wie sie immer unsicherer wurde und wie sehr sie sich verletzt und gedemütigt fühlte. Schließlich kam sie auf die bevorstehende Klassenfahrt zu sprechen: *„Und dann stellte ich mir vor, dass mich niemand in seinem Zimmer haben wollte. Abends würde ich alleine herumsitzen, im Bus alleine sitzen. Wieder würden alle den Kopf wegdrehen, wenn ich nur in die Nähe käme. Da konnte ich nicht mehr …"* Meike musste mit den Tränen kämpfen. Sie schluchzte. In das Schweigen hinein hörte man ein zweites unterdrücktes Schluchzen. Iris konnte sich nicht länger zurückhalten. *„Ich wusste gar nicht, wie schlimm das für dich war. Eigentlich wollte ich schon länger wieder mit dir reden. Aber ich hatte Angst, dann die Freundschaft der anderen zu verlieren. Ich war so feige …"* Auch Iris konnte nicht weitersprechen.

Im weiteren Verlauf des Gesprächs wurde deutlich, dass sich Karin, Julia, Kirsten und Iris von Meike dominiert fühlten und deshalb den Kontakt mit ihr abbrachen. Herr Wegmann musste nur selten eingreifen. Einige Male musste er Karin dazu ermahnen, das „Wir" zu lassen, denn wiederholt griff sie zu Formulierungen: *„Wir wurden von Meike unterdrückt."* Als Herr Wegmann dann nachhakte: *„Bitte sprich von dir. Bist du persönlich von Meike unterdrückt worden?"*, rutschte Karin sogar ein Nein heraus.

Meike musste er bremsen, weil sie unbedingt herausfinden wollte, wer die Anführerin in der Aktion gegen sie war.

Nach einer knappen Stunde einigten sich die Schüler schließlich auf Folgendes:
Während der Klassenfahrt würden Iris und Meike zusammen mit zwei anderen Mädchen auf ein Zimmer gehen. Das würde auf keinen Fall zu einem Ausschluss von Iris aus der Clique führen. Die drei anderen akzeptierten, dass sich Meike und Iris wieder anfreunden wollten. Allgemein beschloss man, dass man vorläufig nicht die alte Freundschaft wieder beleben wollte.

Man versprach sich aber gegenseitig, normal und höflich miteinander umzugehen, sich zu grüßen und auch bei Gruppenarbeiten zu kooperieren. Als Herr Wegmann drei Wochen später nachfragte, sagten alle Beteiligten, dass der Vertrag eingehalten worden sei und dass man sich auf der Fahrt eigentlich ganz gut verstanden habe.

4

Sanktionen bei Mobbing

In der vorausgegangenen Darstellung wurde bereits argumentiert, dass bei Mobbing, das in klarer Weise gegen bestehende Regeln oder gar Gesetze verstößt, Sanktionen nicht ausbleiben dürfen. Wird in solchen Fällen grundsätzlich auf Strafen verzichtet, wie es einige Vertreter des *No Blame Approaches* vorschlagen, hat das mehrere gravierende, negative Folgen:

- Dem Opfer wird signalisiert, dass seine Rechte und seine Leiden nicht ernst genommen werden.
- Die Schule produziert am laufenden Band Präzendenzfälle. Wenn beispielsweise eine Körperverletzung im Kontext mit einem Mobbingfall übersehen wird, wie kann sie dann im Schulalltag bestraft werden?
- Der Gerechtigkeitssinn der Unbeteiligten wird angegriffen. Wie ist es zu tolerieren, dass monatelange Übergriffe kommentarlos zu den Akten gelegt werden?
- Die Täter sind bei einem Verzicht auf Strafen nur durch Einsicht oder durch Gruppendruck zu einem anderen Verhalten zu bewegen. Nur hatten sie diese Einsicht während ihrer langfristigen Attacken nicht gewonnen, auch gab es zumindest während dieser Phase keinen wirksamen Gruppendruck.
- Den Tätern fehlt auf diese Weise die Erkenntnis, dass Handeln Folgen hat, dass sie verantwortlich für ihr Handeln sind und dass sie sich zum Mobbing entschieden haben.
- Die Täter lernen, dass jeder Regelbruch möglich ist, wenn man sich im Anschluss reuig zeigt.
- Hausordnung und Schulregeln werden Makulatur, wenn sie ohne Konsequenzen gebrochen werden.

Wie ist zu sanktionieren?

Die unterschiedlichen Schulgesetze in Deutschland unterscheiden alle zwischen pädagogischen Maßnahmen und Ordnungsmaßnahmen:

- Pädagogische Maßnahmen kann ein einzelner Lehrer verhängen. Dies können Tadel, Sonderaufgaben, Ausschluss von der laufenden Stunde oder Dienste sein, die zu verrichten sind.

- Ordnungsmaßnahmen unterliegen strengen Vorgaben. Sie dürfen nur verhängt werden, wenn andere pädagogische Maßnahmen als nicht ausreichend definiert werden. Ordnungsmaßnahmen können im Gegensatz zu pädagogischen Maßnahmen von Eltern und Schülern angefochten werden. Sie werden unter klaren formalen Bedingungen verhängt und ausgesprochen. Deshalb sollte auf keinen Fall leichtfertig mit Ordnungsmaßnahmen gedroht werden. Eine Drohung, die sich als leer erweist, beschädigt nachhaltig die Autorität der Schule. Deshalb kann eine Schule Ordnungsmaßnahmen nur verhängen, wenn in erheblichem Maße gegen die Schulordnung verstoßen worden ist oder wenn die Verstöße immer wieder erfolgen, trotz wiederholter pädagogischer Maßnahmen. Wenn pädagogische Maßnahmen keinen Erfolg bringen, wenn Gespräche lediglich zu Lippenbekenntnissen führen und nicht eine Verhaltensänderung erreichen, sollten Sie unbedingt Ordnungsmaßnahmen ergreifen, die dann auf einer klaren, gesicherten Basis erfolgen. Wichtiges ist schriftlich zu fixieren.

Zu welcher Sanktion Sie greifen, kann ebenfalls nicht verallgemeinert werden, da zu viele Variablen eine Entscheidung beeinflussen: Die Art der Regelverstöße, die Schulkultur, der Anlass, das Alter, bisherige Maßnahmen, die Einsichtsfähigkeit, Schulordnung und Klassenregeln spielen hier eine Rolle. Der Maßstab sollte auch darin liegen, dass bei allen Sanktionen zu überlegen ist, welche Werte verletzt worden sind. Deshalb folgende Hinweise.

- Eine Sanktion, die nicht als Strafe empfunden wird, bewirkt das Gegenteil. Typisch für misslungene Sanktionen sind hier Klassenbucheintragungen, die ohne Folgen bleiben, Kurzprotokolle, die nicht kontrolliert werden, Umsetzen für den Rest der Stunde und Moralpredigten.

- Mobbing ist in der Regel von der ganzen Klasse wahrgenommen worden, deshalb sollten auch die Sanktionen für die Klasse erkennbar durchgeführt werden. Diese Sanktionen können aus dem Verfassen eines Entschuldigungsbriefes bestehen, aus einer öffentlichen Entschuldigung, aus einer durch Täter und Opfer ermittelten Wiedergutmachung. Möglich sind aber auch härtere Strafen. Man sollte sich noch einmal vor Augen halten, dass Mobbing das Opfer nachdrücklich und dauerhaft schädigt und dass im Berufsleben Mobbing ein Entlassungsgrund ist. Deshalb schlage ich Ihnen das „Ernste Gespräch“ nach Olweus vor (s. Kasten).

Das „Ernste Gespräch"

An diesem Gespräch nehmen
- ☑ der Mobber,
- ☑ seine Eltern,
- ☑ der Klassenlehrer,
- ☑ der Stufenleiter und nach Möglichkeit
- ☑ der Schulleiter teil.

Die Strategie des Gespräches besteht darin, den Mobber mit seinem Verhalten zu konfrontieren. Am Ende dieses Gespräches kann auch eine zusätzliche Strafe ausgesprochen werden, wie das Verfassen eines 4-teiligen Entschuldigungsbriefes.

Die vier Teile des Entschuldigungsbriefes:
1. Der Mobber beschreibt, was er getan hat.
2. Der Mobber nimmt selbstkritisch Stellung. (Wie sehe ich mein Verhalten jetzt?)
3. Der Mobber erklärt, wie er sich in Zukunft verhalten wird.
4. Der Mobber entschuldigt sich bei dem Opfer.

→ Auch Ordnungsmaßnahmen sollten sich möglichst eng auf das Mobbing selbst beziehen. Solche Sanktionen können aus einem Ausschluss von einer Klassenfahrt oder reizvollen schulischen Aktivität bestehen oder zu einer Versetzung in die Parallelklasse führen.

Der Schulverweis als Ordnungsmaßnahme

Der Verweis, den Ordnungskonferenzen häufig aussprechen, ist eine eher zweifelhafte Sanktion, weil er nur auf einen Aktenvermerk beschränkt bleibt. Das ermöglicht einem Täter eine souveräne Außendarstellung: *„War halb so schlimm, die haben bloß gelabert."*

Es ist möglich, einen Verweis mit einem befristeten Unterrichtsausschluss zu verbinden. Der wird dann nicht als Zusatzferien deklariert oder gar empfunden, wenn die Betreffenden jeden Morgen eine Viertelstunde vor Schulbeginn am Lehrerzimmer erscheinen müssen, um ihre Hausaufgaben vom Vortag abzugeben und jeden Mittag ebenfalls eine Viertelstunde nach dem Unterrichtsende die Hausaufgaben für den nächsten Tag in Empfang nehmen müssen, und wenn für den Rest der Zeit Hausverbot ausgesprochen wird.

Wie man Sanktionen eskalieren kann

Die Sanktionen sollten abgesprochen werden. Man sollte gemeinsam diskutieren und beschließen, welche Sanktionen für diese Klasse geeignet sind.

- Die Sanktionen sollten nach ähnlichen Mustern umgesetzt und verhängt werden. Gerade in Klassen, in denen eine Wertehaltung fehlt oder nur sehr uneinheitlich ausgebildet ist, ruft das gemeinsame Agieren ein Wertebewusstsein hervor. Wenn nur ein Lehrer allein reagiert, wirkt das wie sein privates Hobby, wenn es alle tun, zeigt das die Haltung der Schule.
- Sanktionen sollten immer vermittelt werden. Auch das trägt zur Entwicklung einer Wertehaltung bei.
- Nicht jede Kleinigkeit ist zu sanktionieren, aber jede regelmäßige Übertretung.
- Wenn eine Sanktion wiederholt keinen Erfolg bringt, ist sie zu eskalieren. Bleibt eine Eskalation in diesem Falle aus, verliert die Sanktion ihren Sinn. Und die Schule verliert ihre Autorität.
- Eine Eskalation sollte zwar erfolgen, wenn Sanktionen ihren Zweck, eine Verhaltensänderung zu erzielen, nicht erreichen, aber diese sollte **grundsätzlich nur unter der Berücksichtigung des Einzelfalles erfolgen**. Dem Schüler sollte Gelegenheit zu einer knappen Stellungnahme gegeben werden. Wenn man erkennt, dass eine grundsätzliche Bereitschaft zur Verhaltensänderung besteht, dass der neue Übertritt eher durch einen ungewollten Rückgriff auf alte Verhaltensweisen ausgelöst wurde, kann man auch auf eine Eskalation verzichten.
- Eskalation sollte in Stufen erfolgen, entsprechend dem Schulgesetz, das die geringstmögliche Sanktion als Richtmaß vorgibt.
- Bei gravierenden Verstößen können auch Stufen übersprungen werden. Das heißt, wenn ein Schüler beispielsweise einen Mitschüler gezielt verletzt, kann unmittelbar eine Disziplinarkonferenz einberufen werden.

Folgende Eskalationsschritte würde ich vorschlagen, wenn es sich nicht um gravierende Verstöße handelt:

- ☑ nach Störungen usw. eine klare Ermahnung als letzte Warnung,
- ☑ schriftliche Zusatzarbeit, zweigeteilt. Erstens: Weshalb ich schreiben muss. Zweitens: Wie ich mich zukünftig verhalten werde. **1 Seite**, Unterschrift der Eltern.
- ☑ schriftliche Zusatzarbeit, zweigeteilt. Erstens: Weshalb ich schreiben muss. Zweitens: Wie ich mich zukünftig verhalten werde. **2 Seiten**, Unterschrift der Eltern.
- ☑ Tadel,
- ☑ Ernstes Gespräch 1 (TN: Klassenlehrer, betreffender Fachlehrer, Beratungslehrer, Schüler),
- ☑ Ernstes Gespräch 2 (TN: Klassenlehrer, betreffender Fachlehrer, Schulleiter, Beratungslehrer, Schüler, Eltern),
- ☑ Klassenkonferenz.

Sanktionen im Fall Markus

Für die Klassenlehrerin, Frau Becher, erwies sich das, was die Einzelgespräche an den Tag brachten, als sehr unangenehm. Die Hartnäckigkeit, mit der die Anführer und Dauerinitiatoren des Mobbings gegen Markus jede eigene Schuld energisch von sich wiesen, gleichzeitig aber die drei anderen belasteten, verblüffte und ärgerte sie. Eine Ausnahme machte dort nur Yannis, der offen eigene Übergriffe zugab. Das mag auch am Einfluss seiner Eltern gelegen haben, die Frau Becher unterstützten und sich sehr über das Verhalten ihres eigenen Kindes ärgerten: *„Auch wenn ich unseren Yannis noch so lieb habe, was er da gemacht hat, geht nicht. Das darf sich nie wiederholen."*

Anderes verhielten sich die Eltern von Kevin, Simon und Vincent, die alle Vorfälle unter dem Begriff Bagatelle zusammenfassten, mit Anwälten drohten, falls die Schule nicht von der „Verfolgung ihrer Kinder abließe".

Die Gespräche mit der Klasse machten Frau Becher unzweifelhaft deutlich, dass die vier einige ihrer Mitschüler bedroht hatten, die Markus unterstützen wollten, und dass sie durch Drohungen die Mitschüler davon abbringen wollten, die Wahrheit zu sagen. Die Lehrerin musste erfahren, dass die Jungen sie gezielt belogen hatten. Besonders aufgebracht wurde sie nicht durch die Wegnahme und die Beschädigungen des Eigentums von Markus, nicht durch die vielen Schläge, sondern dass sie ihre gezielten Demütigungen auch dann noch fortsetzten, als das Opfer schon heftige Wirkungen zeigte. So beschimpften sie Markus, als er infolge einer Beleidigung mit den Tränen kämpfte, als Heulsuse. So störten sie ihn gezielt, als er, um seine Noten noch zu retten, ein Referat hielt, dass er völlig aus dem Takt geriet und zu stottern begann. Das Stottern wurde wiederum belacht.

Deshalb beschlossen Frau Becher und die Schulleitung gemeinsam, eine Disziplinarkonferenz einzuberufen, die Ordnungsmaßnahmen gegen die Schüler beschließen sollte. Die Eltern von drei Schülern liefen Sturm. Wenn die Lehrer nicht versagt hätten, wäre es nicht zum Mobbing gekommen. Auch sei die Konferenz überflüssig, weil die Jungen Einsicht gezeigt, sich entschuldigt und versprochen hätten, nie wieder etwas gegen Markus zu unternehmen. Die Eltern von Yannis nahmen eine Gegenposition ein. Die Jungen hätten in gravierender Weise gemeinsam gegen die Schulordnung und allgemeine Regeln verstoßen, sodass sie eine nachdrückliche Reaktion erhalten müssten.

Die Konferenz fand statt. Kevins Eltern erschienen mit einem Rechtsbeistand. Der Schulleiter wies ihn höflich darauf hin, dass er nach der Konferenzordnung nicht Teilnehmer sein könne und beschied ihm, draußen zu warten. Man wolle ja keinen Formfehler begehen, der zur Aufhebung aller Beschlüsse führen würde. Auch die Konferenz selbst erwies sich als unangenehm. Besonders die Eltern von Kevin griffen immer wieder Lehrer und die Schule an. Ihre Argumentation folgte dem Muster: *„Ihr seid doch auch nicht perfekt, ihr macht Fehler, wie könnt ihr es da wagen, unseren Jungen zu verurteilen?"* Immer wieder wurden Nebenkriegsschauplätze eröffnet, z.B. ginge der Mathematiklehrer unpädagogisch mit der Klasse um.
Anfangs reagierte der Schulleiter verblüfft und irritiert. Griff dann aber ein. *„Ich bin gerne bereit, ihre Beschwerden über die Schule und einige Kollegen in einem persönlichen Gespräch entgegenzunehmen. Aber nicht jetzt. Es geht hier um das Fehlverhalten Ihres Jungen. Und ich bitte Sie, alle Beträge zu unterlassen, die sich davon entfernen."* Die Intervention wirkte, letztendlich.

Die Konferenz fasste folgende Beschlüsse: Alle vier Jungen erhielten einen Verweis. Yannis wurde mit der Auflage, täglich seine Hausaufgaben abzuholen und abzugeben, für 5 Tage vom Unterricht ausgeschlossen. Kevin, Simon und Vincent wurden von der Wanderfahrt ausgeschlossen. Für diese Zeit hatten sie Unterricht in der nachfolgenden Klasse. Kevins Eltern beschwerten sich bei der vorgesetzten Behörde mit Hilfe eines anwaltlichen Schreibens. Diese verlangte von der Schule genauere Auskünfte. Die Konferenzprotokolle und die protokollierten Ergebnisse der Einzelgespräche überzeugten. Die Beschwerde wurde abgelehnt.

Es ist nicht eindeutig festzumachen, ob es an der Sanktion lag oder an der ausführlichen Arbeit mit der Klasse, die Frau Becher noch leistete, dass die vier nicht mehr disziplinarisch auffällig wurden und dass Markus keine Schwierigkeiten mehr mit seinen Mitschülern hatte.

5

Arbeit mit den Beteiligten

Arbeit mit der Klasse

Es gibt nach meiner Kenntnis keinen Mobbingfall, der sich nicht nachdrücklich schädigend auf die Klasse ausgewirkt hat. Deshalb ist es unbedingt nötig, den Fall mit der Klasse aufzuarbeiten, allerdings ohne dabei die Mobber zu brandmarken oder bloßzustellen. Damit würde man ja die Methoden des Mobbings übernehmen und als legitim akzeptieren und Mobbing, zumindest in Ansätzen, vorleben. Es gibt eine Vielzahl von Möglichkeiten, wie pädagogisch auf Mobbing reagiert werden kann. Auch hier sollten Sie entscheiden, welche Maßnahmen Sie ergreifen wollen. Dabei ist zu beachten: Je länger das Mobbing dauerte und je intensiver, aggressiver es war, desto stärker sind die Schädigungen, die die Klasse erlitten hat.

Aufklärung

Klären Sie die Klasse über Mobbing auf, indem Sie Mobbing **entzaubern**. Gute Erfahrungen habe ich damit gemacht, zunächst allgemein auf Mobbing einzugehen, um erst anschließend auf konkrete Vorgänge in der Klasse zu sprechen zu kommen. Definieren Sie also zunächst Mobbing als eine dauerhafte, regelmäßige Gewaltform, wie es auf den Seiten 10 ff. erfolgte. Gehen Sie dann darauf ein, dass Mobbing ein Täterproblem ist. Der oder die Täter entscheiden sich, zu mobben, niemand wird zum Mobben gezwungen. Mobbing dagegen ist der Angriff, das Ausnutzen von Macht und Überlegenheit. Erläutern Sie, dass Mobber sich entscheiden, zu mobben, dass kein Fehler, kein unsinniges oder sogar rücksichtsloses Verhalten Ursache des Mobbings ist, sondern der Wille der oder des Mobbenden. Jeder weiß, dass es verschiedene Möglichkeiten gibt, auf Verhaltensweisen, die einen ärgern, zu reagieren. Mobbing wird deshalb als Reaktion gewählt, weil man jemanden schädigen will.
Zeigen Sie auch, dass Mobbing nicht Ausdruck von Stärke ist, sondern die Unfähigkeit zeigt, die Leiden anderer zu erfassen, die Unfähigkeit, Schwächen anderer auszuhalten. Es sollte unbedingt dargestellt werden, dass Mobbing das Opfer nicht nur quält, sondern ihm dauerhaften Schaden zufügt.

Diese Aussagen können schließlich auch konkret auf Vorfälle in der Klasse bezogen werden, allerdings sollte auch hier niemand persönlich vor der Klasse attackiert oder bloßgestellt werden. Dass Mobbing Ausdruck einer persönlichen Schwäche des Täters ist, verdeutlicht der typische Mobbinganlass Homosexualität. Wer mit seiner eigenen Sexualität zufrieden ist und mit seinen Wünschen klarkommt, hat keine Angst davor, neben einem Homosexuellen zu sitzen, und hat es noch weniger nötig, diesen zu attackieren oder bloßzustellen.

Zuletzt sollten Sie auch noch die Auswirkungen von Mobbing auf die Klasse selbst nennen: Die Schüler gewöhnen sich an die Übergriffe, finden Scheußlichkeiten normal. Es entstehen Angst und Duckmäusertum, denn jeder kann Opfer werden. Ebenso entsteht die Angst, besondere Leistungen zu erbringen oder auch Fehler zu machen. Denn dann macht man sich angreifbar.

TIPP

Machen Sie Mobbing zum Unterrichtsthema. Das kann über einen soziologisch wissenschaftsorientierten Unterricht erfolgen, kann über Erfahrungsberichte, durch Zeigen eines Films oder durch den Einsatz literarischer Texte geschehen. Gute Erfahrungen habe ich mit dem Lehrfilm und der DVD „Die geheime Gewalt – Mobbing unter Schülern" gemacht. Geboten wird Material für den Unterricht, es werden Ursachen des Mobbings, Folgen und Eingreifmöglichkeiten gezeigt. Die DVD ist zu bestellen unter: Focus multimedia, Buchhierlstr. 15, 81479 München, Tel. 089–79109286.

Maßnahmen gegen Mobbing aufzeigen

Zeigen Sie auf, was jeder gegen Mobbing tun kann. Die Erfahrung zeigt, dass viele Schüler einer Klasse nicht am Mobbing teilnehmen, sogar Mobbing ablehnen, aber nichts unternehmen, weil sie Angst haben oder nicht wissen, wie sie eingreifen können. Wenn man viel Zeit hat, kann man seine Schüler trainieren, bei Mobbing einzugreifen. Schlagfertigkeit, Deeskalation und Konfrontationen sind erlernbar. Hier kann man mit der ganzen Klasse einüben, was vorher als Training für das Opfer angeregt wurde. Falls Sie weniger aufwändig vorgehen wollen, kann der knappe Hinweis auf folgende Handlungsmöglichkeiten ausreichen:

- Wenn man gegen Mobbing vorgehen will, sollte man sich unbedingt Verbündete suchen, ein Alleingang kann dazu führen, selbst Opfer zu werden. Verbündete können Mitschüler, Lehrer oder die Eltern sein.
- Eingreifen kann sich auch darauf beschränken, einen Lehrer zu informieren. Sichern Sie den Schülern zu, dass Sie jeden Hinweis so behandeln

werden, dass der Betreffende geschützt ist. Namen würden Sie nur mit dem Einverständnis des Betreffenden nennen. Hier sollten Sie gegebenenfalls den Schülern die Möglichkeit geben, sie anonym zu erreichen, indem Sie ihnen Ihre Handynummer geben.

Mit Ausreden umgehen

Wenn man länger mit einer Klasse, in der gemobbt wurde, arbeitet, kann man davon ausgehen, irgendwann auf Ausreden der Unbeteiligten, der Zuschauer, zu stoßen. Typisch sind folgende Sätze: *„Ich konnte ja nichts machen, das waren immer mehrere." – „Ich hatte Angst." – „Ich habe denen ja gesagt, dass sie aufhören sollten. Aber das haben die nicht gemacht."* Konfrontieren Sie diese Ausreden, denn die damit verbundene Selbstzufriedenheit ist das Ruhekissen, auf dem man sich bequem bei einem Wiederaufflackern des Mobbings oder bei einem neuen Mobbingfall ausruhen kann.

„Jeder, der will, kann in der Klasse gegen Mobbing vorgehen. Und wer es nicht macht, entscheidet sich dafür, dass Mobbing stattfinden kann. Ihr müsst euch nicht opfern. Denn jeder weiß, dass man auch helfen kann, wenn man nicht direkt eingreift. Das ist über die Eltern oder die Lehrer möglich. Und noch ein Wort zu Angst. Klar macht es Angst, wenn man zuschaut, wie jemand fertiggemacht wird. Auch die Angst, selbst der Nächste zu werden, ist verständlich. Schlimm ist es nur, wenn die Angst einen dazu bringt, gar nichts zu tun, statt sich vorsichtig zu verhalten. Übrigens, wenn ihr Angst habt, könnt ihr euch an mich wenden, im direkten Gespräch oder per Telefon. Ich verspreche euch hier, dass ich keinen Namen weitergeben werde."

Neue Strukturen einführen: Der Klassenrat

Entwickeln Sie neue Strukturen: Durch die Änderung von Strukturen in der Klasse kann man Mobbing dauerhaft und wirkungsvoll bekämpfen. An mehreren Schulen existieren so genannte Klassenräte. Die Variante, mit allen Schülern Probleme zu besprechen, kann Mobbing wirkungsvoll entgegenarbeiten. **Klassenratsstunden** sind institutionalisierte Stunden, in denen die Schüler gemeinsam mit dem Klassenlehrer in geregelten Abständen Probleme besprechen. Die Tagesordnung wird zuvor festgelegt. Schüler leiten das Gespräch, rufen auf und achten auf die Einhaltung von zuvor erarbeiteten **Gesprächsregeln**.

Mobbing wird oft deshalb nicht erkannt, weil große Gruppen eine eigentümliche Kommunikationsstruktur aufweisen. Ein großer Klassenrat bietet die Möglichkeit, abzutauchen, anonym zu bleiben, Verantwortung zurückzuweisen. Gleichzeitig produziert er bei offenen und konfliktbeladenen Themen Angst, weil auch der Gegenpart anonym auftreten kann, und so sind die Reaktionen der Gesamtgruppe schwer einzuschätzen. Deshalb halte ich eine andere Form des Klassenrates für günstiger. Sie lassen fünf oder sechs Schüler auswählen, die dann den Klassenrat bilden. Er tagt in unregelmäßigen Abständen. In ihm können Sie auch Themen initiieren: *„Mir ist aufgefallen, das Marian während Gruppenarbeiten häufig unbeteiligt scheint, sich auch räumlich von der Gruppe entfernt, allerdings auch nicht angesprochen wird. Könnt ihr mir das erklären?"* Diese kleine Form mit höchstens sieben Personen führt zu anderen Kommunikationsmustern als in der Gesamtklasse. Störungen kommen praktisch nicht vor, ebenso selten Albernheiten. Man spricht sich direkt an. Die beteiligten Schülerinnen und Schüler fühlen sich ernst genommen. Bei dieser Form werden, so meine Erfahrungen, Probleme offener und deutlicher formuliert als in der Gesamtgruppe. Die Einrichtung eines Klassenrates, der sich allgemein in der vorgegebenen Form einer Kleingruppe mit Problemen der Klasse befasst, führt in der Regel zu einem intensiveren Informationsaustausch, durch den Mobbing früh aufgedeckt wird. Auch habe ich die Erfahrung gemacht, dass die Verantwortung, die Schülern übertragen wird, dazu führt, dass sie verantwortungsbewusster handeln.

Vertrag gegen Mobbing

Wenn Sie einen Mobbingprozess in Ihrer Klasse aufgedeckt und ihn so mit der Klasse besprochen haben, dass die große Mehrheit Ihrer Schüler Mobbing ablehnt, können Sie auch einen Vertrag gegen Mobbing mit Ihrer Klasse abschließen. Aber nur dann. Ein erzwungener Vertrag, der unter dem moralischen Druck der Lehrperson unterzeichnet wird, führt höchstens zu einer zynischen Bekenntnislyrik. Ein Vertrag hilft dann, wenn er der Stimmung der Mehrheit Ausdruck verschafft.

So gab es in einer 8. Klasse Übergriffe und Mobbing gegen den einzigen türkischen Schüler. Vor der Klasse erzählte Bülent, wie er das Mobbing erlebt hatte. Auch er nannte, wie es zuvor abgesprochen war, keine Namen. Fast alle Schüler reagierten beeindruckt. Deshalb schlug der Beratungslehrer einen Vertag vor, den alle scheinbar freiwillig und einsichtsvoll unterzeichneten. *„Wir, die Klasse 8a, verpflichten uns ab sofort, alle Angriffe auf Bülent einzustellen* *und alle rassistischen Äußerungen gegen ihn zu unterlassen."* An den Reaktionen einiger Schüler glaubte der Lehrer jedoch zu erkennen, dass einige diesen Vertag nur auf Grund des Gruppendrucks, den Bülents Darstellung erzeugte, unterschrieben hatten. Er formulierte deshalb folgenden Zusatz: „Wenn dieser Vertrag gebrochen werden sollte, verpflichte ich mich, einzugreifen, indem ich entweder Bülent direkt unterstütze oder den Klassenlehrer oder den Beratungslehrer informiere, damit diese eingreifen können. Ich weiß, dass ich Bülent schädige, wenn ich die Zusatzverpflichtung nicht einhalte." Der Zusatzvertrag wurde von allen Mädchen der Klasse und der Hälfte der Jungen unterschrieben. Als in der folgenden Pause einer der Mobber Bülent fragte: *„Glaubst du dämlicher Türke, dass dir das helfen wird?"*, antwortete ein Mitschüler mit „Ja" und hieb dem Mobber auf die Nase.

Der Vertag hatte seine Wirkung gezeigt, wenn auch nicht 100 % gemäß den Erwartungen. Immerhin ist Bülent seitdem nicht mehr gemobbt worden. Die Sicherung im Vertrag, dass Schüler sich verpflichten, bei einem Vertragsbruch einzuschreiten, hat mehrere positive Aspekte:

- Mobber, die nicht einsichtig sind, werden zumindest in ihren Aktivitäten gebremst, weil sie realisieren, dass sie mit Widerständen und mit einem erhöhten Risiko, aufzufliegen, rechnen müssen.
- Schüler, die bisher hilflos Mobbing gegenüberstanden, entdecken für sich Handlungswege, wie sie in Zukunft Mobbing begegnen können.
- Lehrer können so an Vertrauen gewinnen, weil sie als Bezugspersonen auftreten, mit denen man über Klassenprobleme sprechen kann.

Gruppenarbeit

Gegen Mobbing lässt sich auch in einer anderen Form mit der gesamten Klasse arbeiten: Wenn in Ihrer Klasse Mobbing stattgefunden hat, informieren Sie die Klasse in Abwesenheit des Opfers mit einem knappen Referat (nicht über 10 Minuten) über Mobbing, wobei Sie besonders herausstellen sollten, dass Mobbing für das Opfer schwer wiegende Folgen hat und dass Mobbing ein Täter- und Gruppenproblem ist. Dann lassen Sie durch Abzählen Zufallsgruppen bilden, je nach Klassengröße fünf oder sechs Gruppen. Die Gruppen erhalten zwei Arbeitsaufträge:

1) **Was können wir tun, um ... zu unterstützen?**
2) **Was können wir tun, damit dauerhaft in unserer Klasse nicht gemobbt wird?**

In jeder Gruppe sollten möglichst alle Schüler das Gruppenergebnis protokollieren. Nach 15 Minuten wird die Gruppenarbeit beendet. Danach werden neue Gruppen gebildet, und zwar so, dass in jeder neuen Gruppe mindestens ein Mitglied der ursprünglichen Gruppe mitarbeitet. (Das lässt sich durchführen, indem zunächst ein Mitglied der Stammgruppe zur jeweils rechten Nachbargruppe wechselt. Danach wechselt das nächste Mitglied zur zweiten Gruppe von rechts usw.) In den neuen Gruppen stellen die Wechsler zunächst die Ergebnisse ihrer Stammgruppen vor. Dann diskutieren sie, welche Vorschläge sie für besonders geeignet und durchführbar halten. Die Ergebnisse werden auf einem Flipchartbogen festgehalten und anschließend der gesamten Klasse vorgestellt. Nach einer abschließenden Diskussion einigt sich die Klasse auf realistische Vorschläge. Diese werden später auf einen Flipchartbogen geschrieben, der langfristig in der Klasse bleibt.

Coaching

Sehr gute Erfahrungen habe ich mit dem folgenden Coaching-Konzept gemacht, das sich auf das von Gerd Rowold entwickelte Kollegiale Team Coaching (KTC) stützt. Dieses Konzept weist eine klare Schrittfolge auf, die allen Beteiligten die bei Mobbing besonders notwendige Handlungssicherheit verleiht: **Coaching nach Mobbingfällen**, ein Vorschlag, wie mit Klasse und Opfer gearbeitet werden kann.

Funktionen des Coachings

- Das Opfer wird aus seiner passiven Opferrolle geholt.
- Es erfährt Akzeptanz und Unterstützung durch die Gruppe.
- Die Gruppe arbeitet unterstützende Vorschläge für das Opfer aus, die konkrete Hilfen sind.
- Die Gruppe lernt, empathisch zu empfinden und zu denken und ändert so die Einstellung gegenüber dem Opfer.
- Sie entwickelt eine eigene Verantwortlichkeit.
- Diese Verantwortlichkeit führt sie zu konkreten Handlungsplänen.
- Diese wirken sich auf die gesamte Klasse aus.
- Die Klarheit und Einfachheit des Verfahrens geben Handlungssicherheit in einer schwierigen Situation.

Die Teilnehmer

- Im Regelfall sollte das Coaching mit dem Opfer durchgeführt werden. Aber nur, wenn es bereit und nach Einschätzung des moderierenden Lehrers in der Lage ist, aktiv mitzuarbeiten. Das Opfer wird folgend Akteur genannt.
- Lehrer oder erfahrener Pate als Moderator,
- maximal acht Mitschüler als Coaches,
- ein Protokollant.
- Wenn sich in einer Klasse genügend Freiwillige melden, können die Mitschüler vom Akteur ausgewählt werden. Es sollten auf jeden Fall akzeptierte Mitschüler sein.
- Sowohl Jungen als auch Mädchen sollten im Normalfall beteiligt sein.
- Auch Täter sollten hinzugezogen werden, wenn ihr Engagement glaubwürdig ist und der Akteur einverstanden ist.

Ziele

Der Moderator legt das Vorgehen und die Ziele fest (5 Minuten), nämlich:
- das Mobbing dauerhaft zu beenden,
- den Akteur zu schützen,
- keine Schuldzuweisungen vorzunehmen,
- die Teilnehmer zu klarem Vorgehen zu verpflichten,
- niemanden zu verletzen oder bloßzustellen,
- konkrete Hilfe für den Akteur zu entwickeln.

Die Situation des Akteurs (bis 15 Minuten)

- Falls der Akteur nicht anwesend ist oder nicht in der Lage ist, die Mobbingsituation darzustellen, kann diese durch ein Rollenspiel veranschaulicht oder aus der Sicht des Moderators entwickelt werden.
- Sonst beschreibt der Akteur, wie er die Situation in seiner Klasse sieht, ohne jemanden direkt anzugreifen oder bloßzustellen.
- Die Gruppe fragt nach. Es geht um das Verstehen der Situation, nicht um die Bewertung von Verhaltensweisen.
- Die Teilnehmer reflektieren, wie sie sich an der Stelle des Akteurs fühlen würden.

Die Beraterkonferenz (bis 15 Minuten)

- Die Gruppe bespricht das Mobbing. Es geht hier um Eindrücke, Verstehen, Wahrnehmungen, Fantasien, nicht um die Bewertung des Akteurs.
- Der Akteur hört zu, korrigiert nicht, auch wenn er sich falsch verstanden fühlt.
- Die Gruppe weiß, dass der Akteur zuhört, und beschädigt ihn nicht.

Der wichtigste Schritt (5 Minuten)

- Die Gruppe berät sich und benennt den wichtigsten Schritt, den der Akteur unternehmen sollte.
- Sie soll den Akteur ermutigen, aktiv zu werden.
- Der Schritt soll machbar und realistisch sein.
- Falls der Akteur nicht anwesend sein will, stellt ihm der Moderator später die Ergebnisse der Gruppe vor. Das gilt auch für alles Weitere.

Brainstorming (bis 10 Minuten)

- Die Coaches entwickeln im Brainstorming Vorschläge an den Akteur, wie er seine Situation in der Klasse verbessern kann.
- Die Vorschläge werden nicht diskutiert.
- Der Moderator interveniert bei schädigenden Ideen. Diese werden auch nicht protokolliert.
- Auch Verrücktes kann vernünftig sein.
- Wenn der Akteur anwesend ist, gibt er ein Feedback: Er berichtet der Gruppe, wie er sie erlebt hat und äußert sich zu den Vorschlägen der Gruppe. Wenn es ihm möglich ist, sagt er, welchen Vorschlag er aufgreifen will. Abschließend äußert er Bitten an die Gruppe: *„Was ich mir von euch wünsche."*

Zweites Brainstorming (bis 10 Minuten)

- Gruppe und Akteur entwickeln Ideen, wie die Gruppe den Akteur unterstützen kann und wie dem Mobbing dauerhaft begegnet werden kann.
- Auch jetzt werden die Vorschläge nur gesammelt, nicht diskutiert.
- Einzelne Gruppenmitglieder können auch formulieren, wie sie persönlich den Akteur unterstützen wollen.
- Alle Vorschläge werden protokolliert.

Auswertung und Kontrakt (bis 15 Minuten)

- Die Gruppe wählt zusammen mit dem Akteur aus, welche Maßnahmen ergriffen werden sollen.
- Die Maßnahmen sollten niemanden überfordern.
- Sie sollten von möglichst allen Teilnehmern akzeptiert werden.
- Auf freiwilliger Basis verpflichten sich die Teilnehmer, die Maßnahmen zu befolgen.
- Dies wird in einem Kontrakt festgehalten.
- Die Gruppe beschließt einen Anschlusstermin, an dem die Umsetzung der Maßnahmen überprüft wird.

Solche Unterrichtsformen, in denen die Schüler selbstbewusst kooperieren können, begünstigen ein Klima, das sich gegen Mobbing wendet. Wenn es ihnen gelingt, mit Hilfe kooperativer Lernmethoden gegenseitiges Zugehörigkeitsgefühl und Achtung hervorzurufen, wird Mobbing seltener auftreten.

Anonymität gewährleisten

Mobbing wird ja oft aus Angst vor Repressionen durch die Mobber verschwiegen. Stellen Sie daher sicher, dass Sie jeder Schüler auch anonym erreichen kann. Das kann mit Hilfe eines Kummerkastens gelingen, der allerdings so beschaffen sein muss, dass er nicht geöffnet werden kann und keine Zettel oder Briefe herausgefischt werden können. Das passiert nämlich, wenn es möglich ist, mit schlimmen Folgen für die Klasse. Einfacher ist es, wenn Sie der Klasse eine Handynummer geben. Am besten schreiben Sie auf, wann Sie im Bedarfsfall unter welcher Nummer zu sprechen sind.

Klassengemeinschaft stärken

Wenn man etwas Negatives wie Mobbing bekämpfen will, gerät man schnell in die Gefahr, moralinsauer zu werden. Der dauerhafte Kampf gegen das Böse birgt für den Kämpfer die doppelte Gefahr, nur noch das Böse zu sehen und gleichzeitig als jemand wahrgenommen zu werden, der sich auf diesen Kampf reduzieren lässt. Das ist ungut. Bedenken Sie also lieber dagegen, dass Mobbing nur möglich ist, wenn die Klassengemeinschaft es zulässt. Die Klassengemeinschaft kann durch **positive Aktivitäten** hergestellt oder weiterentwickelt werden. Dabei muss man nicht unbedingt zur Erlebnispädagogik greifen. Deren Angebote sollte man vorher unbedingt vergleichen.

Es gibt da Topps und Flops. Generell kann man sagen, dass vielfältige Klassenaktivitäten das Zusammengehörigkeitsgefühl stärken und so Mobbing entgegenwirken. Unter den Stichworten „Spielende Klasse", „Spiele für die Klasse" oder „Spiele in der Schule" gibt es zahlreiche Anregungen im Internet. Auch der Verlag an der Ruhr bietet zahlreiche Bücher zu dem Themenbereich an.

Eine Klasse mit starker Gemeinschaft, in der sich Schülerinnen und Schüler gegenseitig respektieren, wird sich gegen die Mobbingversuche Einzelner stellen. Gegenseitige Achtung lässt sich allerdings nicht erzwingen, sie kann aber durch **allgemeine Umgangsformen** gefördert werden. Legen Sie deshalb Wert darauf, dass im Unterricht keine Beschimpfungen vorkommen, dass die Schüler die Leistungen der anderen würdigen, dass abweichende Meinungen respektiert werden. Ironische Bemerkungen und höhnische Zwischenrufe sollten deshalb nicht ignoriert, sondern konfrontiert werden.

„Du hast gerade zum zweiten Mal einen Fehler deines Mitschülers mit der Bemerkung kommentiert: ‚Ist der blöd.' – Und zwar so laut, dass es jeder in der Klasse hören musste. Was willst du damit erreichen?" In der Regel wird der Angesprochene auf diese Frage schweigen oder sich mit der Antwort herausreden: *„Das war doch nur Spaß." – „Mir ist nicht klar, worin der Spaß besteht, den Fehler eines anderen laut zu kommentieren, besonders nicht für den, der den Fehler gemacht hat. Ich glaube, keiner von euch möchte, dass seine Fehlleistungen in ähnlicher Art hervorgehoben werden, weder von einem Mitschüler, noch durch mich. Ich bitte dich deshalb, in Zukunft von solchen Bemerkungen abzusehen."* Wenn Sie zuvor in Ihrer Klasse Regeln aufgestellt haben, die gegenseitige Achtung verlangen oder sich gezielt gegen das Auslachen aussprechen, sollten Sie diese Regeln in Erinnerung rufen und bei einem gravierenden Regelbruch auch Sanktionen aussprechen.

Gegenseitige Achtung kann nicht nur von den Schülerinnen und Schülern eingefordert werden. Dazu gehört auch, dass Sie diese Achtung selbst vorleben. Die schönsten pädagogischen Konzepte werden zerstört, wenn man sie zwar verkündigt, sich in der Realität aber kontraproduktiv verhält. Niemand hält sich mehr an die Regeln, die gegenseitigen Respekt verlangen, wenn der Lehrer, mit dem sie aufgestellt wurden, Schüler despektierlich behandelt oder gar beschimpft. Jede Klassenregel, die Sie als Lehrer brechen, gilt nicht mehr.

Verantwortlichkeiten verteilen

Beteiligen Sie Ihre Schüler an Verantwortlichkeiten. Das klingt zunächst widersinnig. Mobbing entsteht ja auch, weil die Schüler einer Klasse nicht verantwortungsvoll handeln. Doch Verantwortungsbewusstsein fällt nicht vom Himmel. Es wird erlernt. Wie die Beteiligung der Schüler aussehen kann, variiert mit der Schulform und dem Alter. Sie kann darin bestehen, dass Sie gemeinsam mit gewählten Vertretern Klasseninitiativen beschließen oder dass Sie Ihre Schüler im Unterricht so kompetent vorbereiten, dass sie Themenwahlen sinnvoll wahrnehmen und in einem klaren Rahmen Unterrichtsentscheidungen treffen können. Sie kann sich in frei gewählten Arbeiten ausdrücken, aber auch in der verbindlichen Erfüllung von Pflichten. Verantwortung entsteht auch in Betreuungssystemen, also in Patenschaften, wo Ältere Jüngere betreuen, ebenso in Lerngemeinschaften, in denen sich die Schüler gegenseitig unterstützen. Soziale Verantwortlichkeit, die erlebt wird, hat einen bedeutend größeren Einfluss auf das Handeln als verkündete Vorschriften, Gebote, Regeln und Moral.

Abschließend möchte ich ein negatives Postulat formulieren, das die bisherige Argumentation zusammenfasst: **Bekämpfen Sie Mobbing nie durch Mobbing oder mit dessen Methoden.** Das heißt im Einzelnen, dass Sie zwar auf konkretes Mobbing in Ihrer Klasse eingehen sollten, wenn Sie mit der Klasse über Mobbing arbeiten, jedoch keinen namentlich bloßstellen. Wenn Sie sich gezwungen sehen, auf ein Fehlverhalten einzugehen, dass direkt zugeordnet werden kann, oder wenn Sie vor der Notwendigkeit stehen, einen Schüler wegen eines Übergriffs direkt zu konfrontieren, sollten Sie von zwei Prämissen ausgehen:

1. Führen Sie die Konfrontation, wenn es eben möglich ist, unter vier Augen durch und nicht vor der gesamten Klasse. Allerdings gibt es Situationen, in denen Sie eine öffentliche Konfrontation nicht vermeiden können, wie beispielsweise bei dem klaren Regelbruch, in dem ein Schüler einen anderen im Unterricht lauthals bloßstellt und beleidigt.

2. Greifen Sie nicht die Person an, sondern gehen Sie auf das Verhalten ein. Das scheint auf den ersten Blick kompliziert, ist es aber nicht im Detail. Wenn Sie sich über einen Übergriff ärgern, thematisieren Sie den Übergriff selbst, nicht den Charakter dessen, der ihn begangen hat.

Kooperation im Kollegium

Antimobbingarbeit kann im Rahmen einer Schule auf die Dauer nicht erfolgreich von einem Einzelnen durchgeführt werden. Leider habe ich nur allzu oft von Schulen erfahren, in denen positive Konzepte gescheitert sind, weil sie vom Kollegium nicht getragen wurden. Besonders schlimm für die Opfer, die Schule und engagierte Kollegen ist es, wenn die Unterstützung durch die Schulleitung ausbleibt. Das geschieht, wenn sich Eltern von Mobbern beschweren, sei es, weil ihre Kinder bestraft werden sollen, sei es, weil sie mit dem Vorgehen von Lehrern nicht einverstanden sind, die in ihrer Klasse Mobbing bekämpfen.

So erzwang ein Schulleiter von einer Kollegin, einen Klassenvertrag gegen Mobbing öffentlich zurückzunehmen, weil juristisch spitzfindige Eltern ihm mit einer Anzeige gedroht hatten. In diesem Vertrag wurde darauf hingewiesen, dass Schüler, die wieder in Mobbingmuster zurückfallen würden, mit erheblichen Sanktionen zu rechnen hätten. Die juristisch versierten Eltern werteten dies als Drohung und Erpressungsversuch und drohten ihrerseits dem Schulleiter mit einer Anzeige. Das klingt bizarr, ist aber Realität. Und dann geschah das Zwangsläufige. Nach dem Einknicken der Schulleitung verschärften die Eltern ihre Angriffe auf die engagierte Kollegin. Sogar direkte Beleidigungen sollten nicht aufgegriffen werden, weil dies dem Schulfrieden schade. Gleichzeitig schlugen sich einige Kollegen auf die Seite der Eltern und Mobber, machten sich über Sanktionen gegen Mobber lustig und diffamierten engagierte Kollegen als naive Gutmenschen.

Eine schulische Kooperation ist dann erfolgreich, wenn sie auf der Basis gemeinsamer Werte erfolgt. Werte sollten nicht im Schulprogramm archiviert werden, sondern alltägliches Handeln bestimmen.
Damit die Unterstützung der Schulleitung gewährleistet ist, sollte sie über alles Wichtige informiert werden. Interventionen und Sanktionen sollten gemeinsam beschlossen werden. Gemeinsam sollten auch Strukturen entwickelt werden, mit denen man Mobbing begegnen kann.

Aber nicht nur auf der Makro-Ebene einer Schule ist die Kooperation das wichtigste Instrument, um erfolgreich gegen Mobbing zu arbeiten, um erfolgreich eine Schule weiterzuentwickeln, sondern sie ist auch für die Klassenebene entscheidend, und zwar nicht nur bei Mobbing, auf das wir uns hier konzentrieren: Mobber nehmen in der Regel ihre Lehrer sehr genau wahr. Sie wissen, was bei wem möglich ist. Gegensätze und Konflikte zwischen Lehrern werden erfolgreich genutzt. Dagegen erhöht ein klares, gemeinsames

Auftreten nicht nur das Risiko für Mobber, sondern es schafft auch für alle anderen Schüler Verhaltenssicherheiten und schärft deren Rechtsbewusstsein.

Die Kooperation der Kollegen, die in einer Klasse unterrichten, hat eine präventive und eine intervenierende Seite. Präventiv arbeiten die Kollegen einer Klasse, wenn sie sich auf gemeinsame Klassenregeln einigen, einheitliche Sanktionen beschließen, gemeinsame pädagogische Ziele für die Klasse entwickeln und sich regelmäßig über Auffälliges in der Klasse austauschen. Das lässt sich auf niedriger Ebene institutionalisieren, indem der Klassenlehrer grundsätzlich von allen Sanktionen und allen gravierenden Übergriffen erfährt. Das kann auch über einen Zettelkasten erfolgen, um sich eine umständliche Terminsuche zu ersparen. Interventionen können sogar Mobbing verhindern. Wenn sich die Kollegen einer Klasse einigen, beispielsweise grundsätzlich bei Auslachen oder Beschimpfungen zu intervenieren, wenn Sie grundsätzlich keinen Ausschluss von Gruppenarbeiten zulassen und wenn Sie jede Missachtung eines Mitschülers zurückweisen.

Fazit

Deshalb ist die Kooperation der Kollegen die Basis für eine erfolgreiche schulische Antimobbingarbeit.

Arbeit mit den Eltern

Die Elternarbeit an der Schule wird oft unterschätzt. Unterstützen die Eltern die Schule nicht oder arbeiten sie gar gegen sie, erhöht sich der Arbeitsaufwand der Lehrer erheblich. Das gilt für die erzieherische und inhaltliche Arbeit. Diese simple Aussage trifft aber auch bei schulischem Mobbing zu. Es ist bedeutend leichter, die Unterstützung der Eltern zu gewinnen, wenn präventiv gearbeitet wird.

Prävention und Aufklärung

Man muss nicht gleich mit der Tür ins Haus fallen, nicht gleich das große Geschütz „Mobbing“ auffahren, wenn man die Unterstützung der Eltern für ein positives Klassenleben gewinnen will. Das folgende Anschreiben gibt einige Tipps, wie man verfahren kann. Zusätzlich oder an Stelle eines Anschreibens kann man sich in ähnlicher Form auf einem ersten Pflegschaftsabend äußern:

Liebe Eltern,
mit diesem Schreiben bitten wir um Ihre Mitarbeit und Hilfe. Wenn Schule gelingen soll, liegt die Grundlage dafür in der Zusammenarbeit von Eltern, Schülern und Lehrern. Die Pädagogik in der Schule ist schwieriger geworden, für alle Beteiligten. Denn Schulklassen bilden heute nicht mehr von selbst eine Gemeinschaft. Viele Kinder haben auch nicht gelernt, wie sie Konflikte, die in einer neuen Gruppe zwangsläufig entstehen, vernünftig miteinander austragen können. Streitereien und Ausgrenzungen zwischen den Schülern werden häufiger. In vielen Klassen ist der Umgangston rauer geworden. Aktuelle Untersuchungen zeigen, dass gegenwärtig Schüler mehr unter ihren Mitschülern leiden als unter ihren Lehrern, dass die Angst vor Mitschülern größer ist als die vor ihren Lehrern.
Ein schlechtes Klassenklima ist ein ernst zu nehmendes Problem. Es belastet alle Kinder einer Klasse und behindert das Lernen nachdrücklich.
Auch deshalb bemüht sich unsere Schule, bemühe ich mich um ein positives Miteinander in der Klasse. Der Erfolg unserer Anstrengungen hängt auch von Ihrer Unterstützung ab. Die kann bereits durch Kleinigkeiten erfolgen. Fragen Sie Ihr Kind nicht nur nach Schulnoten, sondern auch danach, wie es sich in der Klasse fühlt, wie die Beziehungen zwischen den Schülern sind. Fragen Sie auch nach, wie es anderen Kindern in der Klasse geht. Bitten Sie Ihr Kind, gegen negative Entwicklungen Stellung zu beziehen. Mit Ihrem Interesse zeigen Sie Ihrem Kind, wie wichtig ein soziales Miteinander ist.

Oft bemerken wir Lehrer nicht, wenn etwas in der Klasse schiefläuft. Negatives geschieht meist versteckt, in den Nischen des Systems. Hier kann uns Ihre Unterstützung helfen. Wenn Eltern sich mit ihren Kindern über das Klassenleben austauschen und die Schule bei Übergriffen informieren, können wir eingreifen. Sie müssen deshalb keinen Mitschüler namentlich anklagen. Der Hinweis, dass beispielsweise ein bestimmter Schüler häufig ausgeschlossen oder angegriffen wird, hilft uns bereits sehr. Sie können sich an den Klassenlehrer oder an den Beratungslehrer wenden. Auch außerhalb der Sprechstunden.
Und falls sich Ihr Kind einmal falsch verhalten sollte – kein Mensch verhält sich immer korrekt – unterstützen Sie Ihr Kind mehr, wenn Sie ihm liebevoll kritisch begegnen, als wenn Sie sein Fehlverhalten verharmlosen. Denn dann wird es wieder auftreten.
Sie können uns und Ihrem Kind helfen, dass es sich in seiner Klasse wohlfühlt. Über Ihre Unterstützung würden wir uns freuen.

Schuldzuweisungen

Viele Eltern reagieren merkwürdig, wenn das Thema Mobbing in der Klasse angesprochen wird, besonders dann, wenn Mobbingprozesse nachträglich aufgearbeitet werden. Hier greifen wohl Schutzreflexe, die das eigene Kind und die eigene Erziehung und Persönlichkeit vor Kritik bewahren wollen. Und viele Eltern verfahren dann nach dem Motto: Angriff ist die beste Verteidigung. Die Umsetzung dieser Maxime sieht dann so aus, dass **Schuld auf Lehrer und Schule geschoben** wird, zum Teil mit bizarren Deutungsmustern:

- Harmlos ist noch die **Legehennentheorie**: Wenn die Klasse nicht so voll wäre, gäbe es auch kein Mobbing. Der großen Zahl der Schüler und der Enge der Klasse sei es geschuldet, dass Mobbing in der Klasse entstanden sei.
- Meist aber wird den Kollegen **pädagogisches Versagen** angelastet. Neben durchaus berechtigten Vorwürfen, mit denen man sich auch ernsthaft auseinandersetzen sollte, tauchen immer häufiger, so die Auskunft vieler Kollegen, durchschaubare Ablenkungsmanöver auf, die nur den Zweck verfolgen, die eigenen Kinder vor Sanktionen zu bewahren.
- Besonders häufig ist der Angriff, dass die Lehrer ihrer **Aufsichtspflicht nicht nachgekommen** seien und dass es nur deshalb zu Übergriffen gekommen sei. Dies war zum Beispiel die Argumentation eines Anwaltes, der der Schule seines Sohnes mit Sanktionen drohen wollte, weil diese nicht hinnehmen wollte, dass sich vier Schüler auf einer Klassenfahrt nachts um halb drei auf einen Mitschüler gestürzt, ihn aus dem Bett geworfen und ihm den Schlafanzug vom Körper gezerrt hatten, um ihn nackt fotografieren zu können. *„Hätte der Lehrer seiner Aufsichtspflicht Genüge getan und Präsenz gezeigt, wäre es nicht zu dem unglücklichen Vorfall gekommen."* Ob derselbe Vater wohl seiner Elternpflicht morgens um halb drei nachkommt?

Aufklärung

Viel Angriffselan verlieren diese Eltern, wenn vorher über Mobbing aufgeklärt und um Mitarbeit gebeten wird. Zumindest fällt es ihnen dann schwerer, Hilfstruppen in Form anderer Eltern zu mobilisieren.
Aufklärung schafft bei allen Beteiligten Handlungssicherheit. Wer über Mobbing aufgeklärt ist, kann dauerhafte Angriffe und gezielte Schädigung nicht mehr als Kleinigkeiten abtun, über die man doch bitte nicht in pädagogische

Hysterie verfallen möge. Zumindest wird es schwerer fallen, dies in einer aufgeklärten Öffentlichkeit zu verkünden.
Die Aufklärung über Mobbing sollte sich an den Interessen der Eltern orientieren und auf folgende Schäden hinweisen:

- Schäden beim Opfer selbst,
- Schäden in der Wertehaltung der Schule,
- Störungen im Lernen und Arbeiten in der Klasse.

Dabei sollten die **Mobber nicht verteufelt** werden. Besonders ist für die Elternsicht herauszustellen, dass man von einem Fehlverhalten nicht linear auf den Charakter eines Kindes schließen kann, ebenso ist herauszustellen, dass Mobbing nicht Ausdruck einer schlechten Erziehung ist. Das erleichtert zumindest Eltern von mobbenden Kindern die Erkenntnis, dass ihr eigenes Kind sich tatsächlich falsch verhalten hat.
Prävention durch Aufklärung der Eltern kann der Schule aber noch weitgehender helfen. Wenn es gelingt, Eltern zur Mitarbeit und zur Wahrnehmung von Verantwortlichkeit zu motivieren, dann zeigen sie ihren Kindern nicht nur in häuslichen Gesprächen auf, dass Mobbing nichts Cooles, sondern der Ausdruck persönlicher Schwäche ist, sie unterstützen den Lehrer auch ganz grundsätzlich, indem sie ihn auf Mobbing hinweisen, das sich ja oft genug unbemerkt entwickelt.

Wenn es passiert ist …

Ernst genommene Elternarbeit bedeutet auch, dass man in der Regel die **Elternschaft** informiert, wenn ein Mobbingfall in einer Klasse aufgetreten ist, denn bei der positiven Bewältigung von Mobbing hilft die Unterstützung der Eltern. Diese Form der Elternarbeit muss jedoch nicht immer durchgeführt werden. Im Fall von Meike war sie nicht notwendig. Die Schülerinnen hatten ihr Fehlverhalten erkannt und nicht verharmlost. Ihre Vorschläge zur Einigung waren ehrlich. Es ist unwahrscheinlich, dass sie auf Mobbingmuster zurückgreifen. Vermutlich würden die beteiligten Mädchen das Einschalten der Eltern als Vertrauensbruch empfinden.

Information kann im Rahmen eines **Elternabends** erfolgen. Auch hier ist wie in der Klasse vorzugehen. Der Vorgang ist sachlich und klar zu beschreiben, besonders auch das Verhalten der Unbeteiligten. Hier darf ebenfalls niemand namentlich bloßgestellt werden. Achten Sie darauf, dass ein Elternabend nicht die Täter und damit deren Eltern an den Pranger stellt. Allerdings müssen

Sie mit Widerständen rechnen, auch wenn Sie noch so sachlich und rücksichtsvoll vorgehen mögen.
Wenn man auf Schulebene praxisorientiert gegen Mobbing vorgeht und mit Kollegen Informationen austauscht, stößt man auf Gemeinsamkeiten, die verblüffen. So wird immer wieder beklagt, dass die Eltern von Mobbern Aussprachen zum Angriff nutzen. Ihnen, dem Lehrer, wird dann die Schuld für das Mobbing in der Klasse zugeschoben. Ihre Maßnahmen wird man eventuell als unpädagogisch, unangemessen und übertrieben angreifen. Lassen Sie sich davon jedoch nicht aus der Ruhe bringen, sondern reagieren Sie sachlich darauf:

Die folgenden Dialoge sind nicht ausgedacht, sondern so gut wie möglich wörtlich dargestellt:

BEISPIELE

Eltern: *„Sie wollen nur vertuschen, dass Sie schuld an dem Mobbing sind."*
Lehrer: *„Sie unterstellen mir gerade öffentlich, dass ich meine Schuld vertuschen will. Können Sie das in irgendeiner Form belegen, außer dass Sie pauschale Vorwürfe treffen? Was habe ich vertuscht? Worin besteht meine angebliche Mitschuld?"*

Eltern: *„Sie ergreifen einseitig Partei."*
Lehrer: *„Allerdings ergreife ich Partei für einen Jungen, der systematisch über Monate gemeinsam von vier Schülern der Klasse attackiert wurde."*

Eltern: *„Sie haben unsere Kinder verhört. Das sind Polizeimethoden."*
Lehrer: *„Wir haben zu zweit Einzelgespräche mit den Schülern geführt. Das ist in einer sachlichen und klaren Atmosphäre geschehen. Mit dem Begriff ‚Polizeimethoden' unterstellen Sie uns Übergriffe. So verhindern Sie eine Klärung, die für alle Beteiligten wichtig ist. Um dies zu erreichen, möchte ich noch einmal unser Vorgehen erläutern: Wir haben uns die Mühe gemacht, Einzelgespräche zu führen, weil bis auf einen alle Beteiligten gelogen haben. Wie hätten wir anders vorgehen können?"*

Bereiten Sie sich also auf Unsachlichkeiten, Unterstellungen und Drohungen vor. Je ruhiger und je klarer Sie bleiben, desto eher werden diese verpuffen. Eltern mobbender Schüler haben oft große Probleme, das Fehlverhalten ihrer Kinder einzugestehen. Sichern Sie sich gegen Mobbereltern, indem Sie akribisch arbeiten. Ziehen Sie besonders bei kritischen Gesprächen einen Kollegen hinzu. Erstellen Sie Protokolle und unterrichten Sie Ihre Schulleitung, wenn die Vorfälle zu Sanktionen führen müssen.

Manchmal hilft folgende **Gesprächsstrategie**: Zeigen Sie den Eltern gegenüber dafür **Verständnis**, dass Sie ihr Kind verteidigen, aber bringen Sie sie zum Nachdenken, ob eine alles entschuldigende Haltung wirklich ihren Kindern nutzt. Ziel einer Strafe oder einer Intervention durch die Lehrer ist es ja, dass Mobbende ihr Fehlverhalten beenden. Argumentieren Sie, dass Sie mit einem klaren, energischen Verhalten auch erreichen wollen, dass der Mobbende sein Verhalten aufgibt, dass es notwendig ist, dass er sein eigenes Verhalten kritisch reflektiert. Und dabei helfen ihm weder Verharmlosungen noch das gezielte Herunterspielen.

Zum Schluss etwas Positives: Natürlich gibt es auch bei Mobbing immer wieder Eltern, mit denen man vertrauensvoll und erfolgreich zusammenarbeiten kann, selbst wenn die eigenen Kinder Täter waren.

Arbeit mit dem Opfer

In der Regel sind Opfer durch das Mobbing tief betroffen. Manchmal benötigen sie sogar eine therapeutische Behandlung. Die kann ein Lehrer nicht leisten. Wenn Sie daher den Eindruck haben, dass das Mobbing ernsthafte und nachhaltige Schädigungen bewirkt hat, verweisen Sie das Kind und die Eltern an kompetente Stellen. Das ist deshalb so wichtig, weil gutgemeinte, laienhafte Unterstützung nicht eine professionelle Beratung ersetzen kann. Meist fällt es Opfern schwer, sich zu offenbaren. Sie empfinden Scham über ihre Opferrolle, oft schreiben sie sich selbst fälschlich die Schuld am Mobbing zu. Deshalb sollte folgende Grundregel gelten: **Jede Beschwerde über Mobbing ist ernst zu nehmen.**

Wer sind die Opfer?

Opfer von Mobbing kann jeder werden. Die Einstellung, das Opfer für die Übergriffe und das Mobbing verantwortlich zu machen, führt deshalb in die Irre. Allerdings werden bestimmte Schüler besonders oft zu Opfern von Mobbing:

Gute Schüler, besonders Überspringer

Viele mir bekannte Mobbingfälle zeigen auf, dass Schüler, die eine Klasse überspringen, einen schweren Stand in der neuen Gruppe haben. Sie sind in der Regel körperlich schwächer und haben meist nicht die Sozialerfahrung, die für das Selbstverständnis von Jugendlichen wichtig ist. Gleichzeitig erledigen sie schulische Anforderungen, für die sich die Älteren quälen müssen, spielerisch. Die Älteren, weniger Begabten, setzen dem Neuen nicht selten aggressiv zu, besonders dann, wenn die Gruppe nicht sinnvoll auf die Herausforderung vorbereitet wird. Dieses Konfliktpotential wird sehr oft nicht beachtet. Überspringer werden in der Regel auf ihre intellektuellen Kompetenzen hin getestet, jedoch nur selten auf ihre sozialen. Besonders wenn sie Aggressionen, sprachlichen wie körperlichen, hilflos gegenüberstehen, beginnt für viele Überspringer in der neuen Klasse eine Leidenszeit.

Schüler mit äußerlichen Auffälligkeiten

Wenn in einer Klasse ein aggressives Klima herrscht, bieten erkennbare Schwächen wie Armut, Übergewicht oder ein Sprachfehler ein einfaches Angriffsziel. Auch „falsche" Kleidung kann das Opfer aus einer Gruppe ausgrenzen, besonders, wenn diese einen hohen Konformitätszwang ausübt. Über Mädchen, die Schönheitsidealen nicht entsprechen, wird gerne gelästert. Die negativen Bewertungen verleihen dem Aggressor eine Definitionsmacht. Er kann jetzt entscheiden, wer dazu gehört und wer nicht. Und da er diese Macht in Anspruch nimmt, gehört er dazu.

Ein ähnliches Muster lässt sich auch erkennen, wenn Jungen vermeintliche oder echte Homosexuelle attackieren und mobben. Gerade Personen, die unsicher über die eigene sexuelle Orientierung sind, gewinnen eine Pseudosicherheit, wenn sie andere beschuldigen, homosexuell zu sein. Denn sie glauben, wer Homosexuelle attackiert, ist ja wohl selbst nicht homosexuell. Dass jemand, der mit sich und seiner Sexualität im Reinen ist, es nicht nötig hat, die Neigungen anderer zu belauern und anzuprangern, ist Homophoben nicht leicht beizubringen.

Schüler mit einem geringen Selbstbewusstsein

Besonders oft werden Menschen mit einem geringen Selbstbewusstsein Opfer von Übergriffen. Wer auffällig ängstlich und unsicher ist, zieht Mobber an. Sie ahnen, dass sie Opfer gefunden haben, die sich nicht offenbaren, die nicht um Hilfe bitten und die nur wenig Widerstand leisten werden. Denn ihr schwaches Selbstwertgefühl suggeriert ihnen, dass sie selbst Schuld tragen an den Übergriffen.

Schüler mit „störendem" Sozialverhalten oder das als unsympathisch empfundene Opfer

In diesem Fall ist die Antimobbingarbeit besonders schwer. Die Mobber nehmen das Fehlverhalten eines Schülers zum Anlass, um ihrerseits den betreffenden Jugendlichen unter Druck zu setzen. Interventionen durch die Schule sind in diesen Fällen selten, weil sich das Mobbing zunächst als ein Konflikt auf Gegenseitigkeit darstellt. Schwierig ist es auch, die Solidarität der Unbeteiligten zu gewinnen, wenn das Opfer sich zuvor unsozial verhalten hat.

Carolin war in der neuen Fünf einer Realschule eine gefürchtete Mitschülerin. Sie verstand es, sich immer in den Mittelpunkt zu stellen. Sie lästerte gekonnt über jeden ab, der ihr nicht gefiel. Über ein Jahr beherrschte sie so ihre Klasse, doch sie hatte sich zu viele Feinde gemacht. Niemand lachte mehr, wenn sie über die unmöglichen Klamotten ihrer Nachbarin spottete. Und dann wollte niemand mehr neben ihr sitzen. Keiner wollte sich in der Gruppenarbeit von ihr Vorschriften machen lassen. Carolin sah sich zunehmend in ihrer Klasse isoliert. Und dann wurde aus dem Täter ein Opfer. Wenn Carolin allein auf ihrem Platz saß, bauten sich Mitschülerin vor ihr auf und sagten grinsend: *„Muss schlimm sein, Caro, wenn einen keiner leiden kann. Wie ist es denn so, immer allein?"*

Hilfe statt Mitleid

Viele Opfer haben die Opferrolle verinnerlicht. Einige profitieren sogar von ihr, auch wenn das nicht eingestanden wird. Denn ein Opfer hat ein Recht auf Mitleid. Und das wird von einigen gemobbten Kindern eingefordert. Sie übernehmen in der Klassengruppe die Rolle des Trostbedürftigen. So hat es Michael zur Meisterschaft darin gebracht, kleine Verletzungen zu einem schweren Leiden aufzuplustern. Stößt er sich, wimmert er laut, rutscht er beim Sport aus, vermutet der Lehrer auf Grund seines lauten Klagens einen doppelten Beinbruch. Zwar gewinnt Michael so, wie viele andere Opfer auch, kurzfristig die Aufmerksamkeit der Gruppe und manchmal auch Trost und Zuwendung, jedoch stigmatisiert er sich selbst als Heulsuse, mit der niemand auf Dauer etwas zu tun haben will. Mitleid ist eine einseitige Sache.

Und auf die Dauer ist es strapaziös, jemanden zu bedauern, der gar nicht daran denkt, etwas an seiner Leidenssituation zu ändern.

Es geht hier nicht darum, Häme über Mobbingopfer zu verbreiten. Es ist bedauerlich, wenn soziale Kontakte lediglich über das nach außen getragene Leiden gelingen. Doch Mitleid schadet hier dem Opfer letztendlich, weil es häufig als Verstärker wirkt, weiterzuleiden. Die Opferrolle wird so verinnerlicht. Es führt bei einigen Opfern sogar dazu, dass sie sich immer wieder in Situationen begeben, die ihnen Mitleid sichern. Einige Opfer provozieren damit das Mobbing. – Das ist keine Entschuldigung für Übergriffe, sondern soll einen Hinweis geben, **wie nicht mit Opfern umgegangen werden sollte**:

- So sollten sich Lehrer davor hüten, auf die Darstellung eines Mobbingprozesses so zu reagieren, dass sie dem Opfer zu verstehen geben, wie schlimm und entsetzlich sie das alles finden. Sätze wie „Du Ärmste, das ist ja unerträglich, was du Ärmste aushalten musst!" können der Wahrheit entsprechen, doch sie nutzen dem Opfer nicht.

Die Hilfe, die Opfern entgegengebracht werden kann, liegt nicht im Mitleid, sondern in der **Zuwendung**:

- Machen Sie dem Opfer klar, dass die Mobber das Problem sind, nicht es selbst.
- Betonen Sie, dass die Täter nicht wirklich stark sind. In jedem persönlichen Angriff steckt die Schwäche des Aggressors, nicht die des Opfers.
- Zeigen sie auf, dass jeder Opfer werden kann, dass man sich aber entscheidet, ein Täter zu sein.

Damit das Opfer seine Rolle verlässt, versuchen Sie, mit ihm gemeinsam eine **Strategie** zu entwickeln. Fragen sie nach, mit welchen konkreten Verhaltensänderungen es seine Situation in der Klasse ändern kann. Dabei ist aber auch behutsam vorzugehen. Es ist entscheidend, das Opfer nicht zu überfordern, es ist genauso entscheidend, dem Opfer nicht versteckte Botschaften zukommen zu lassen, dass es schuld an seiner Lage sei. Wichtig ist, dass Sie das Kind aktivieren, etwas an seiner Lage zu ändern. Dabei können folgende Impulse hilfreich sein:

- *„Wer aus der Klasse ärgert sich wohl über das Mobbing?"*
- *„Welche Verhaltensweisen solltest du besser einstellen, wenn du nicht weiter gemobbt werden willst?"*
- *„Wer könnte dich unterstützen? Wie könntest du ihn um Hilfe bitten?"*

- *„Was könntest du tun, wenn wieder ...?"*
- *„Welche Reaktionen haben dir bisher am meisten geholfen?"*
- *„Wie könnte ich dich, wie könnten dich deine Lehrer unterstützen?"*
- *„Was könntest du als Nächstes unternehmen?"*

Schwieriger wird ein Gespräch mit dem Opfer, wenn es selbst unsoziales Verhalten zeigt, und sei dies nur als Reaktion auf die Angriffe, die es auszuhalten hat. Dieses Verhalten bewusst zu machen, ohne das schon beschädigte Selbstbewusstsein des Opfers weiter zu verletzen, ist ein schwieriger Balanceakt. Die beiden folgenden Beispiele sollen verdeutlichen, wie hier im Gespräch vorgegangen werden könnte:

„Kathi, du beklagst dich auch darüber, dass du in der Klasse keine Freundin findest. Ich habe mit einigen Mädchen aus der Klasse darüber gesprochen. Die meisten finden dich nett. Aber sie haben ein Problem. Sie sagen, dass du zu viel verlangst. Wenn man sich mit dir einmal getroffen hat, rufst du sofort danach wieder an und willst ein neues Treffen. Auch haben mehrere Mädchen mir erzählt, dass du eifersüchtig reagierst, wenn sie dann wieder mit alten Freundinnen reden oder sich treffen. Sie hätten das Gefühl, dass sie sich zwischen ihren Freundinnen und dir entscheiden müssten." – „Das stimmt doch gar nicht." – „Kathi, ich kann hier nicht entscheiden, ob das wahr ist oder nicht. Wichtig ist doch eher, dass viele Mädchen aus der Klasse den Eindruck haben, dass sie sich entscheiden müssen, ob sie mit dir oder ihren alten Freundinnen zusammen sind. Und deshalb ziehen sie sich vor dir zurück. Sollen wir gemeinsam überlegen, wie du das ändern kannst?"

„Jens, du bist sauer, weil dich auch Mitschüler, die dich nicht mobben, als Petzer und Lehrerliebling bezeichnen." – „Ja, das stimmt. Das macht fast die ganze Klasse." – „Wie erklärst du dir das?" – „Keine Ahnung, die haben halt was gegen mich." – „Wirklich alle?" – „Mmm ..." – „Jens, erzähl doch mal, was vorgefallen ist, als man dich das letzte Mal als Petzer beschimpft hat."–„Ja, also, das war gestern, beim Sport. Kevin hat sich vorgedrängt, als wir Elfmeter schießen sollten." – „Hat er sich vor dich gestellt?" – „Nein, der war hinter mir, aber vor Frederike." – „War die denn sauer?" – „Nee, die wollte ja gar nicht schießen, die hat Kevin vorgelassen. Aber der hat sich nicht an die Regeln gehalten. Und das habe ich gesagt." – „Also, Friederike und Kevin waren sich einig. Trotzdem hast du gemeldet, dass sich Kevin vorgedrängt hat." – „Das hat er ja auch." – „Stell dir mal vor, du wärst an Kevins Stelle. Du spielst gerne Fußball und dann sagt dir Friederike, dass du vorgehen sollst. Du machst das und plötzlich meldet einer aus der Klasse dem Lehrer, dass du nicht in der Reihe geblieben bist. Wie würde das auf dich wirken?" – „Mmm ..." – „Wärst du nicht sauer?"

Das Ziel dieser **Gespräche** besteht darin, dem Opfer **Handlungsalternativen zu eröffnen**, nicht es zu kritisieren und sein schwaches Selbstbewusstsein weiter zu schwächen.

Handlungssicherheit für das Opfer

Handlungssicherheit gewinnt das Opfer, wenn es weiß, dass es unterstützt wird, dass der Lehrer ihm helfen will, das Mobbing zu unterbinden. Die Unterstützung des Gemobbten wird effektiver, wenn sie sich auf klare Ansagen stützt, die ihm Sicherheiten geben:

„Damit das Mobbing gegen dich aufhört, habe ich mit den Schülern, die dich angreifen, Folgendes vereinbart. ... Sie haben mir versprochen, sich an diese Vereinbarungen zu halten. Außerdem haben ... zugesagt, dass sie darauf achten, dass unser Vertrag eingehalten wird. Du kannst dich bei neuen Übergriffen an sie wenden. Du kannst dich auch an mich wenden. Ich verspreche dir, dass ich sofort eingreifen werde, falls du wieder gemobbt werden solltest."

Der (übertriebenen) Fürsorge der Eltern begegnen

Oft reagieren die Eltern gemobbter Kinder mit einem Übermaß an Fürsorge. Statt ihre Kinder zu unterstützen, bevormunden sie sie und nehmen ihnen Selbstvertrauen, indem sie alles regeln, das Kind mit Ratschlägen überschütten und jedes selbstständige Handeln unterbinden. Diese Form der Hilfe lähmt. Wie eine Karikatur auf dieses Verhalten stellt sich auf den ersten Blick folgendes Elterngespräch dar:

BEISPIEL

Nach einem Mobbingfall, der sich ohne gravierende Übergriffe abgespielt hatte und der ohne Sanktionen gelöst werden könnte, bat ich die allein erziehende Mutter eines Schülers aus der 10. Klasse zu mir. Die Mobber hatten versprochen, ihre Hänseleien, dass der Junge ein „Weichei" sei, einzustellen. In den Gesprächen wurde deutlich, dass der Schüler durch eine übergroße Empfindlichkeit, durch Unsicherheiten und Ängstlichkeiten auffiel. Zu meiner Verblüffung erschienen Mutter und Sohn Hand in Hand. Die beiden setzten sich. Immer noch hielt die Mutter die Hand ihres 16-jährigen Sohnes. Etwas irritiert sagte ich, dass das Mobbing wohl beigelegt sei, aber dass ich es für wichtig hielte, dass der Sohn in der Klasse selbstständiger und selbstbewusster auftrete. Die Mutter stimmte mir spontan zu, ließ die Hand des Jungen los, packte ihn an der Schulter, schüttelte ihn und rief: „Siehst du, es ist genauso wie ich immer sage: Du musst selbstständiger werden."

Dieses Verhalten zeigt Typisches auf: Eltern sehen, dass ihre Kinder leiden und versuchen, an ihrer Stelle die Probleme zu lösen. Damit wächst die Unsicherheit des Opfers. Sein Selbstwertgefühl leidet, weil ihm die eigenen Eltern ständig zeigen, dass es nicht fähig ist, alleine zu handeln. Um dem zu entgehen, hilft es, wenn Sie gemeinsam mit den Eltern eine Strategie entwickeln, wie das Kind Selbstbewusstsein gewinnen kann. Auch hier gibt es keine Patentrezepte, aber allgemein ist festzustellen, dass erfolgreiches selbstständiges Agieren das Selbstbewusstsein fördert. Das kann über musische oder sportliche Aktivitäten erfolgen, aber auch über das direkte Trainieren von Konfliktverhalten. So habe ich der Mutter, die ihren Jungen nicht loslassen wollte, empfohlen, ihn zu einem Anfängerkurs einer Kampfsportart zu schicken, nicht, damit er in Zukunft die ihn ärgernden Mitschüler verprügeln kann, sondern weil der Kurs den Schülern ein positives Körpergefühl und zugleich ethische Haltungen vermittelt. Und das hat dem Jungen gutgetan.

Das Versöhnungsgespräch

Führen Sie, wenn es Sinn macht, ein Versöhnungsgespräch mit Mobbern und dem Opfer durch. In diesem Gespräch ist in erster Linie darauf abzuheben, wie beide Seiten in Zukunft miteinander umgehen wollen. Es soll dem Opfer die Sicherheit vermitteln, dass es keine neuen Angriffe zu erwarten hat. Die Erfolgsaussichten eines solchen Gespräches sind umso größer, je klarer und undramatischer die Wirkung der Übergriffe auf das Opfer dargestellt wird. Es geht also nicht darum, das Schuldgefühl anzustacheln, sondern Empathie hervorzurufen. Am Ende eines solchen Gespräches sollten möglichst klare Vereinbarungen getroffen werden.

Allerdings lässt sich eine Versöhnung nicht erzwingen. Ein gemeinsames Treffen wird zur wohl kalkulierten Heuchelei, wenn die Mobber kein Schuldgefühl entwickelt haben und nur unter dem Druck der Lehrkraft mit dem Opfer zusammenkommen. Respektieren Sie auch, wenn das Opfer auf ein Versöhnungsgespräch keinen Wert legt.

Der Anschlusstermin

Immer wieder habe ich festgestellt, dass auch nach der erfolgreichen Intervention gegen Mobbing bei den Opfern die Angst vor neuen Übergriffen bleibt. Diese Angst ruft Verhaltensunsicherheiten hervor, durch die sich wiederum einige Täter zu neuen Übergriffen provoziert fühlen.

Wenn Sie mit Tätern und Opfer einen gemeinsamen, gegebenenfalls auch getrennte Termine vereinbaren, in denen gründlich nachgeprüft wird, ob man sich an die Verabredungen gehalten hat und ob die bisherigen Maßnahmen erfolgreich und ausreichend waren, nehmen Sie dem Opfer zumindest in Teilen die Angst. Gleichzeitig wissen die Mobber, dass Sie sich auch weiterhin mit dem Fall auseinandersetzen werden.

Ein erstes Treffen sollte man **nach ungefähr drei Wochen** ansetzen. In diesem Zeitrahmen kann sich ein verändertes Verhalten einspielen. Er ist nicht so begrenzt, dass man sich sagen kann: *„Gut, für die Zeit reiße ich mich zusammen, aber dann …"* Auch liegt das nächste Treffen nahe genug, um der Überlegung entgegenzuwirken: *„Bis dahin ist das doch vergessen."* Nach meinen Erfahrungen hat sich der Abstand von drei Wochen für ein erneutes Gespräch besonders bewährt. Allerdings sollten Sie auch darauf hinweisen, dass man Sie im Falle von Übertretungen umgehend informieren möge. Machen Sie auch dem Opfer klar, möglichst unter vier Augen, dass es nicht jede Kleinigkeit zum Anlass für Beschwerden nehmen möge. Auch bei gutem Willen gelingt nicht immer alles sofort.

WICHTIG

Entscheidend ist, dass Sie auch bei einem erfolgreichen Abschluss eines Mobbingvorfalls darauf bestehen, in einer festgelegten Frist mit den Beteiligten zu überprüfen, ob das Mobbing wirklich beendet ist und ob sich die Beteiligten an Versprechen und Absprachen halten.

Ohne dieses Nacharbeiten ist die Gefahr sehr groß, dass alte Verhaltensmuster wieder entstehen. Das Nachhalten sollte sich auch auf die Unbeteiligten beziehen, besonders wenn sie einen Vertrag unterzeichnet haben oder sich als Unterstützergruppe zusammengefunden haben. Damit sollten Sie jedoch nicht Ihren Wunsch nach Kontrolle in den Vordergrund stellen, sondern Ihr nachhaltiges Interesse an den Schülern zeigen.

Arbeit mit dem Täter/den Tätern

Auch wenn Mobbing oft ekelhafte Seiten zeigt, hat jeder Mobber das Recht, mit Respekt behandelt zu werden. Respekt heißt, dass man ihn nicht demütigt, bloßstellt oder verächtlich behandelt, Respekt heißt nicht, dass man nicht deutlich agiert. Die Aussprache mit einem Mobber oder der Gruppe der Mobbenden hat mehrere Funktionen, auch wenn nicht jedes Gespräch erfolgreich sein kann. Es ist erfolgreich, wenn der Mobber sein eigenes Verhalten kritisch sieht und sich zu einer Verhaltensänderung entschließt. Die Auseinandersetzung mit den Mobbern sollte deshalb in kleinem Kreis erfolgen und am besten zusammen mit einem Kollegen durchgeführt werden. Die folgenden Vorschläge sind nicht als Liste abzuarbeiten, sondern auch sie sollten situationsbezogen und personenbezogen durchgeführt werden.

1. Trennung von Verhalten und Person

Wenn Sie den Mobber mit seinem Verhalten identifizieren, ist ein Gespräch sinnlos oder kann höchstens der Einschüchterung dienen. Der Unterschied zwischen „das war gemein" und „du bist gemein" ist nicht akademisch, sondern signalisiert gegensätzliche Einstellungen. Schließlich macht es wenig Sinn, mit einem gemeinen Menschen zu reden. Achten Sie also darauf, Verhalten und Person voneinander zu trennen.

2. Führen Sie ein Konfrontationsgespräch (*„Was bringt dir das Mobbing?"*)

Eine Konfrontation hat nicht den Sinn, jemanden anzuklagen, sondern ihm Einsicht in falsches Verhalten zu vermitteln. Bleiben Sie während der Konfrontation gelassen. Geben Sie auf keinen Fall die Gesprächsführung aus der Hand. Ertragen Sie auch längere Gesprächspausen. Bleiben Sie beharrlich, ohne aggressiv zu werden. Folgende Gesprächstechniken können hier hilfreich sein:

- **Beschreiben** statt bewerten: *„Du hast Michael festgehalten, als er weglaufen wollte. Dabei hast du seine Jacke zerrissen."* Aber nicht: *„Wegen deiner Brutalität wurde Michaels Jacke zerstört."*
- **Ich-Botschaften** verwenden: *„Ich ärgere mich darüber und ich will nicht, dass das in meiner Klasse passiert."*

- **Perspektivenwechsel** anregen: *„Stell dir vor, ein Junge, gegen den du körperlich keine Chance hast, wirft dich immer wieder auf den Boden, wenn kein Lehrer zusieht."*
- **Eigenverantwortlichkeit** einklagen: *„Du sagst also, dass Michael angefangen hat. Selbst, wenn das so ist, hast du dich entschieden, ihn zu schlagen. Michael mag sich falsch verhalten haben, aber das gibt dir nicht das Recht, ihn zu schlagen. Und jetzt reden wir über dein Verhalten, nicht über das, was Michael gemacht hat."*
- Unterschied zwischen Darstellung und **Realität benennen**: *„Du hast gesagt, dass du Michael kaum angerührt hast. Wieso blutet er dann aus der Nase?"*
- **Nachfragen**, bohren: *„Also, du hast das nicht gewollt. Du hast nicht gewollt, dass Michael aus der Nase blutet. Was hast du denn gewollt, als du ihn geschlagen hast?"*
- Was bringt dir das? – **Nutzen** bewusst machen: *„Ich glaube, der Sachverhalt ist jetzt klar. Du hast Michael über einen längeren Zeitraum angegriffen und beleidigt, manchmal zusammen mit mehreren. Was bringt dir das eigentlich?" – „Weiß ich auch nicht." – „Das kann ich mir so nicht vorstellen. Du hast das ja immer wieder gemacht. Irgendetwas musst du ja davon gehabt haben?" – „Spaß, irgendwie so Spaß." – „Was ist daran für dich spaßig gewesen?"*
- **Übersetzen** von Ausweichmanövern: *„Du sagst, dass es dann passiert ist, dass Michael hingefallen ist. Das ist aber nicht durch eine geheimnisvolle Macht passiert. Du hast ihn gestoßen, und zwar mit aller Kraft."*
- **Konsequenzen** einfordern. *„Du erzählst mir jetzt schon zum dritten Mal, dass es dir leidtut. Gut, ich glaube dir. Dann zeig mir auch, was das für dich bedeutet. Was willst du ändern? Woran kann Michael erkennen, dass es dir leidtut?"*
- **Wirkung** auf den Konfrontierenden beschreiben. *„Wir reden jetzt über eine halbe Stunde. Es geht darum, dass du Michael mehrfach geschlagen hast. Und immer wieder erklärst du mir, dass Michael dich geärgert oder den Streit angefangen hat. Ich habe den Eindruck, dass du ängstlich vermeidest, dich ernsthaft mit dem eigenen Verhalten auseinanderzusetzen."*

3. Treffen Sie eine persönliche Vereinbarung, möglichst schriftlich (Wie ich mich in Zukunft verhalten werde)

Mit Vereinbarungen, die inhaltlich individuell auf den jeweiligen Vorgang zugeschnitten werden, habe ich positive Erfahrungen gemacht, besonders wenn das vorausgehende Gespräch Klarheit darüber geschaffen hat, dass die Schule nicht weiter bereit ist, Mobbing zu dulden, und dass sie deshalb großen Wert auf das ernsthafte Einhalten der getroffenen Absprachen legt. Die Konkretheit der Absprachen soll aber nicht als Möglichkeit gesehen werden, auf andere, aggressive Verhaltensweisen auszuweichen. Deshalb empfehlen sich folgende Formulierungen:

„Ich versichere, dass ich in Zukunft Johanna nicht mehr per Internet, Klassenhomepage und ICQ beleidigen werde, sie nicht direkt beschimpfen werde und auch nicht Mitschüler auffordern werde, Johanna zu ignorieren oder auszuschließen. Darüber hinaus versichere ich, dass ich keine weiteren schädigenden Handlungen gegen Johanna vornehmen werde. – Die Einhaltung des Vertrages wird am … überprüft. Mir ist bewusst, dass ich mit schulischen Sanktionen zu rechnen habe, wenn ich gegen diesen Vertrag verstoße."

Das schriftliche Festhalten demonstriert den Schülern noch einmal, wie ernst Sie Mobbing nehmen und wie verbindlich Absprachen einzuhalten sind.

4. Setzen Sie sich für angemessene Sanktionen ein

Immer wieder überrascht es mich, wie selten Lehrer und Schule selbst nach klaren Übergriffen, nach gravierenden Regel- und Normenverstößen sanktionieren. Vielleicht liegt das daran, dass Mobbing nicht so eindeutig zu erfassen ist wie das unerlaubte Verlassen des Schulgeländes oder Verstöße gegen das Rauchverbot. Man sollte sich, bevor man auf jede Sanktion verzichtet, klarmachen, dass Mobbing bewusst und gezielt ausgeübt wird, dass die Leiden des Opfers in Kauf genommen werden oder sogar gezielt gewollt sind, und dass die Folgen von Mobbing so gravierend sind, dass nicht nur die Schullaufbahn des Opfers gefährdet ist, sondern auch seine psychische und physische Gesundheit. Wenn Sie dann aus Bequemlichkeit auf eine Sanktion verzichten, zeigen Sie, dass Sie die Übergriffe für tolerabel erachten, die Bedürfnisse des Opfers ignorieren und dass für Sie der Wert, jede Persönlichkeit zu achten und zu schützen, nicht entscheidend ist.

Diese Überlegung bedeutet nicht, dass jedes Mobbing zu bestrafen ist, sondern sie richtet sich gegen den grundsätzlichen Verzicht auf Sanktionen. Gleichzeitig sollte man sich vor überharten Sanktionen hüten. Diese bewirken schnell das Gegenteil. Die Mobber definieren sich dann als Märtyrer, während die Mehrheit der Klasse sie gegen die unmenschlichen Pauker unterstützt. Und mit etwas Pech beginnt ein neues, verdeckteres Mobbing. Leider kann ich auch hier keinen Katalog aufstellen, was angemessen ist. Das orientiert sich am pädagogischen Konzept der Schule, am Alter der Betroffenen, dem konkreten Fall, seiner Vorgeschichte und der Einsicht der Täter (siehe hierzu auch Kapitel 4).

5. Sanktionen richten sich auf Verhalten, nicht gegen Personen

Das Konzept, zwischen Verhalten und Person zu trennen, ist ein grundlegender Baustein der Antimobbingarbeit. Nur hilft es wenig, dieses Konzept lediglich vorzustellen, sondern es ist mit Leben zu füllen. Konkret stellt sich das im Gespräch mit einem Mobber so dar:

„Für mich stellt sich die Sache so dar: Du hast Mist gebaut. Ziemlich großen Mist. Und dafür hast du eine Strafe bekommen. Du bist bestraft worden, weil du gemobbt hast, nicht weil du ein mieser Kerl bist. Das kann ich übrigens auch nicht beurteilen. Ich kenne dich ja nur aus dem Unterricht und ein bisschen durch diesen Mobbingfall. Und der ist für mich jetzt abgeschlossen. Und er ist dauerhaft abgeschlossen, wenn du in Zukunft nie mehr einen Mitschüler mobbst."

6. Warnen vor wiederholtem Mobbing

Der Hinweis, dass der Fall nach einer Sanktion abgeschlossen ist, darf den oder die Mobbenden nicht dazu verleiten, das Mobbing erneut aufzunehmen. Es geht nicht darum, mit Hilfe einer Drohung Schüler einzuschüchtern, sondern ihnen die Konsequenzen ihrer Handlungen klarzumachen. Die sollten möglichst nicht martialisch ausgemalt werden, denn Jugendliche haben ein feines Gespür für Übertreibungen und leere Drohungen. Ein sachlicher, lapidarer Hinweis hat da größere Wirkung:

„Ist dir klar, dass wir von dir erwarten, dass du nie mehr mobbst? Falls du noch einmal mobben solltest, werden wir bei der Beurteilung des Falles einbeziehen, dass das bisherige Vorgehen/die bisherigen Strafen nicht ausgereicht haben, um dich vom Mobbing abzuhalten."

6 Strukturen gegen Mobbing

Wie ein roter Faden zieht sich der Hinweis durch dieses Buch, dass die Kooperation zwischen den Lehrkräften von entscheidender Wichtigkeit ist, um Mobbing zu erkennen und Mobbing zu bekämpfen. Kooperation darf jedoch nicht nur auf dem guten Willen der Beteiligten beruhen, sondern sollte sich auf neue Strukturen in der Schule stützen können. In den folgenden Abschnitten werden verschiedene Ansätze vorgestellt, wie Schulen dauerhaft gegen Mobbing vorgehen können.

Experten im Kollegium

(Scarlett Brandt und Wolfgang Kindler)

Frau Brandt hatte die Idee entwickelt, an ihrer Schule ein Expertenteam zu installieren, das die Kollegen bei Mobbingfällen kompetent beraten und unterstützen sollte. Ausgangspunkt dieses Konzeptes war eine schulinterne Fragebogenerhebung. Sie zeigte, dass im Kollegium dieser Schule Mobbing eindeutig als Problem wahrgenommen wurde. Eine eindeutige Mehrheit gab an, Mobbing öfter beobachtet zu haben. Es gab zudem eine große Anzahl von Kollegen, die sich nicht in der Lage fühlten, Mobbing eindeutig von anderen schikanierenden Verhaltensweisen zu unterscheiden. Außerdem hatten die Kollegen nur vage Vorstellungen davon, wie sich Mobbing auf Opfer, Täter und die Klasse auswirkt. Auch zeigte sich, dass die meisten Kollegen keine Strategie verfolgten, um präventiv gegen Mobbing vorzugehen. In den Interviews wurde zudem auf die Schwierigkeit verwiesen, Mobbing überhaupt zu erkennen.
Diese Unsicherheit ließ bei fast allen Kollegen den Wunsch nach einem gemeinsamen Konzept für den Umgang mit Mobbing entstehen.

Das Konzept

Die Ergebnisse aus der Fragebogenerhebung und den Leitfadeninterviews machen deutlich, dass an der Schule Mobbing als Problem gesehen wird und der eindeutige Wunsch nach einem einheitlichen Umgang im Sinne des konsequenten Opferschutzes besteht. Da bisher noch nicht nach einem einheitlichen Konzept gearbeitet wird, ergibt sich folgende **leitende Fragestellung**: Wie muss ein Konzept aussehen, das

- dem Lehrpersonal einen einheitlichen, konsequenten Umgang mit Mobbing im Sinne des Opferschutzes ermöglicht?

- einer Schule ermöglicht, bei Mobbingfällen einheitliche und verhältnismäßige Sanktionen auszusprechen und durchzusetzen?
- in den Schulalltag integriert werden kann?
- dieser Gewaltform gleichzeitig für die Zukunft entgegenwirken kann?

Um Mobbing in seiner Systematik und der Vielschichtigkeit seiner Handlungsweisen konsequent begegnen zu können, ist eine Veränderung von schulischen Strukturen erforderlich. Ziel des Konzepts ist, ein einheitliches und konsequentes Vorgehen im Sinne des Opferschutzes im Falle von schulischem Mobbing zu ermöglichen. Eine zusätzlich präventive Wirkung wird in diesem Fall durch die eindeutige Haltung und Reaktion der Schule erzielt.

Das Handlungsteam und seine Aufgaben

Die Umsetzung erfolgt durch die **Installierung eines Handlungsteams**, das in erster Linie eine beratende Funktion hat, das aber auch ggf. als „Experten" an der Lösung konkreter Vorfälle beteiligt sein kann. Tritt ein Mobbingfall auf, soll das Handlungsteam unmittelbar informiert und das weitere Vorgehen gemeinsam besprochen werden. Im Anschluss an das Gespräch informiert das Handlungsteam die Schulleitung über den Fall und weitere erforderliche Schritte.

Das Handlungsteam besteht aus **mehreren Lehrkräften** und wird **vom gesamten Kollegium** gewählt. Das Handlungsteam ist als eine Art schuleigene „Eingreiftruppe" zu verstehen, die von allen beteiligten Personen im Rahmen der Schule in Anspruch genommen werden kann. Ist der Tatbestand des Mobbings erfüllt (siehe Kapitel 1), ist jede Lehrkraft dazu verpflichtet, das Handlungsteam unmittelbar zu informieren. In einem zeitnahen Gespräch zwischen dem Lehrer, der den Vorfall bemerkt hat, dem Klassenlehrer und dem Handlungsteam werden Fakten geklärt, der Tatbestand geprüft und ein weiteres Vorgehen vereinbart. In der Regel sollte der Klassenlehrer die weiteren Schritte durchführen oder sie zumindest verfolgen, da er meistens den engsten Kontakt zur Klasse hat. Schon beim ersten Gespräch sollten weitere Termine vereinbart werden, um den Fortgang des Falls zu verfolgen und ggf. weitere Maßnahmen zu besprechen. Auch nach Beendigung der Übergriffe sollten nach längeren Abständen ein bis zwei weitere Gespräche folgen, um sicherzustellen, dass das Ende der Übergriffe wirklich von Dauer ist.

Schüler und Eltern, die den Verdacht haben, das gemobbt wird, sollen sich ebenfalls in den dafür vorgesehenen **wöchentlichen Sprechstunden** an das Handlungsteam wenden. Daraufhin folgen nach dem gleichen Schema Gespräche mit den entsprechenden Klassen- und ggf. auch Fachlehrern. Auf Wunsch können Personen, die sich an das Handlungsteam gewandt haben, an diesen Gesprächen teilhaben.
Ist dem Handlungsteam ein Fall zugetragen worden, ist es verpflichtet, diesem nachzugehen. Sind die Übergriffe jedoch so eindeutig und massiv, dass sie strafrechtlich geahndet werden müssen (z.B. bei schwerer Körperverletzung), sind umgehend die Schulleitung und die Polizei zu informieren. Von einer schulinternen Lösung solcher Vorfälle ist aus ethischer und rechtlicher Sicht abzusehen.
Mit Hilfe dieses Konzepts soll eine „Kultur des Eingreifens" geschaffen werden, die auf klaren Regeln basiert und den Opferschutz im Zentrum hat.
Für die Bildung eines Handlungsteams sollte jede Schule auf ihre bestehenden Strukturen zurückgreifen. Sozialarbeiter, Beratungslehrer, SV-Lehrer und Abteilungsleiter sollten bei der Auswahl für das Handlungsteam besonders berücksichtigt werden.

Patenkonzept: Peergruppenarbeit gegen Mobbing
(Lioba Pott und Wolfgang Kindler)

An meiner Ausbildungsschule werden wesentliche Aspekte des **Schlichter-Modells** so umgesetzt, wie es in der Literatur vorgeschlagen wird. Grundgedanke der Peer-Mediation ist, dass Schüler ausgebildet werden, um in einem Streit zwischen (meistens zwei) Mitschülern zu vermitteln. Angenommen wird, dass die Streitenden gegenüber Mitschülern offener, unbefangener und einsichtiger sind als gegenüber Lehrern.

Ausbildung der Schlichter

Das Konzept an meiner Ausbildungsschule sieht vor, dass Schüler der Klassen 7 im Rahmen einer wöchentlich stattfindenden freiwilligen AG ein knappes Jahr lang systematisch zu Schlichtern ausgebildet werden können. Ausbilder sind zwei betreuende Lehrer, die folgende **Ausbildungsinhalte** vermitteln:

- Ziele und Aufbau eines Schlichtungsgesprächs,
- die Rolle des Schlichters,
- nonverbale und verbale Kommunikation,
- Ich-Botschaften,
- aktives Zuhören.

Das Schlichterkonzept und seine Wirkung gegen Mobbing

Nach bestandener Abschlussprüfung bieten die ausgebildeten Streitschlichter zu zweit oder dritt an allen Schultagen in mindestens einer der großen Pausen in einem eigens für die Schlichter eingerichteten Schlichtungsraum ihre Dienste für die Klassen 5 und 6 an.
Ein wesentliches Kennzeichen einer Schlichtung ist die **Freiwilligkeit der Teilnahme** und somit ein grundsätzliches **Interesse an einer Konfliktlösung**, denn die anwesenden Schlichter sollen den Streitenden lediglich einen Rahmen und Hilfestellung bieten, gleichberechtigt zu einer eigenen Lösung des Konfliktes zu gelangen. Um sich bei der Schülerschaft bekannt zu machen, stellen sich die Schlichter zu Beginn des Schuljahres in den Klassen 5 vor und führen eine Probeschlichtung durch. Zudem präsentieren sie sich und ihre Tätigkeit am „Tag der offenen Tür" und machen durch Plakate mit Fotos und den Angaben der „Sprechzeiten", die an verschiedenen Orten im Schulgebäude aufgehängt sind, auf sich aufmerksam. Mit Hilfe einer Informationsveranstaltung für alle siebten Klassen, auf der aktuelle Schlichter von ihrer Arbeit berichten, wird versucht, neue Schlichter zu gewinnen.

In einer von mir durchgeführten Empirie fiel auf, dass dauerhaftes und häufiges Ärgern und aktive Ausgrenzungsprozesse gegenüber Mitschülern in allen Klassen wahrgenommen werden. In fünf der sechs Klassen nimmt dies die Mehrheit der Schüler wahr, in drei der Klassen ist es sogar eine sehr deutliche Mehrheit. Gleichzeitig beschreibt die Mehrheit der Schüler in fünf der sechs befragten Klassen ihre Klassengemeinschaft als „gut" bzw. „sehr gut". In einer 5. und einer 6. Klasse geben besonders viele Schüler an, dass es in ihrer Klasse Außenseiter gebe, die immer wieder geärgert und ausgegrenzt würden.
Angesichts dieser Ergebnisse ist es zunächst einmal erstaunlich, dass nach Angaben der Lehrer als auch der Schlichter nur wenige Schüler der Stufen 5 und 6 das Angebot der Schlichtung annehmen. Ein Schlichter meiner Schule berichtet:

„Es ist echt blöd. Mein Freund und ich haben in den ganzen zwei Jahren nur eine einzige Schlichtung durchgeführt, und dafür sitzen wir mehrere Pausen in der Woche im Schlichterraum."

Die Zahl der Schlichtungen überwiege in der ersten Phase des Projektes und sei kontinuierlich geringer geworden, derzeit gebe es kaum noch Schlichtungen. Die Angaben der von mir befragten Schüler der Klassen 5 und 6 bestätigen die geringe Anzahl von durchgeführten Schlichtungen.

Schwierigkeiten bei der Implementierung des Streitschlichterkonzepts werden zwar vereinzelt in der Literatur angesprochen, jedoch durch den Hinweis auf die Notwendigkeit von kontinuierlicher Öffentlichkeitsarbeit, von Unterstützung durch Schulleitung und Lehrerkollegium oft sofort wieder entkräftet. Hierbei wird ein Konzept aus den USA, einem Land mit spezifischen demokratischen Traditionen und Umgangsformen, relativ unreflektiert nach Deutschland importiert. Selten werden das Konzept und seine Grenzen kritisch reflektiert. Diese zeigen sich darin, dass die Ursachen für viele Konflikte im Schulalltag in der Klassenkonstellation liegen und sich schwer auf zwei Konfliktparteien reduzieren lassen, wie es eine Schlichtung fordert. So ist Mobbing durch eine Schlichtung nicht zu unterbinden. Auch setzt die Bereitschaft zur Schlichtung die Einsicht voraus, ein Problem selbst nicht lösen zu können, sowie die Bereitschaft, den Konfliktgegner nicht besiegen zu wollen. Dies sind selten erfüllte Voraussetzungen unter aggressiven Schülern und Mobbern. Einer freiwilligen Schlichtung stellen sich nicht die, die mit Lust quälen. Zwischen Mobbingopfer und Täter besteht ein deutliches Machtgefälle, das ein Schlichtungsgespräch auf Augenhöhe unmöglich macht.

Einen weiteren möglichen Hinweis auf Gründe einer relativ geringen Frequentierung der Streitschlichter ergibt die Tatsache, dass nur etwa die Hälfte der 19 Schüler angeben, dass die Schlichtung ihnen geholfen habe; sechs betonen sogar, sie habe ihnen nicht geholfen, einer vermerkt, die Schlichtung habe „ein bisschen" geholfen.

Leitende Fragestellungen

Die Ergebnisse der Situationsanalyse und Evaluation des Schlichtermodells verweisen auf Schwachstellen des derzeitig praktizierten Modells. Für eine Weiterentwicklung ergeben sich folgende Fragestellungen als Leitvorgaben:

Wie kann das Schlichtermodell weiterentwickelt werden, damit
- nicht nur Konflikte zwischen zwei Personen, sondern auch strukturelle, systemische Konflikte wie Mobbing angegangen werden können?
- jüngere Schüler die Schlichter häufiger als Ansprechpartner nutzen?
- das Schul- und Klassenklima stärker positiv beeinflusst werden kann?
- es stärker der Prävention von Gewalt und Konflikten dienen kann?
- die Ressourcen des neun- bzw. achtjährigen Gymnasiums besser ausgeschöpft werden? (Welches Alter wird ausgebildet? etc.)
- die ausgebildeten und sehr motivierten Streitschlichter und ihre Kompetenz weiter genutzt werden können (Peer-Mediation)?

Konzept einer klassenbezogenen Arbeitsstruktur

Nach Prüfung der verschiedenen Konzepte bietet ein **Moderatorenkonzept**, das sich aus der schulischen Praxis heraus entwickelt hat, für das Entwicklungsvorhaben meiner Schule die besten Antworten.
Das Schüler-Moderatorenkonzept, wie die Streitschlichtung ein Peer-Modell, ist ein Betreuungskonzept, bei dem jeweils zwei bis drei ältere Schüler (= Moderatoren/Paten) den Klassen 5–7 fest zugeordnet sind. Auch hier werden also ältere Schüler (z.B. der Stufe 9–13) ausgebildet, um Mitschülern bei ihrer Konfliktbearbeitung zu helfen. Geht es im Schlichter-Modell jedoch primär darum, Konflikte zwischen zwei Streitenden zu schlichten, steht im Moderatoren-Konzept die positive Gestaltung des Klassenklimas im Vordergrund. Zudem könnte mit diesem Peer-Konzept auch stärker der Prävention von Gewalt und Konflikten gedient werden. Langfristig zielt es darauf ab, das Bemühen der Lehrer, in den Klassen eine Kultur der Verantwortung zu erzeugen, zu unterstützen.
Das Moderatorenkonzept arbeitet **klassenbezogen**. Die Moderatoren gehen einerseits präventiv vor, indem sie Klassenaktivitäten wie Spielenachmittage initiieren, mit auf Klassenfahrten fahren u.Ä., aber auch, indem sie mit den Klassen eigenständig und ohne Anwesenheit der Lehrer inhaltlich zu bestimmten Themen wie „Mobbing", „Ausgrenzungsprozesse", „Umgang mit Schimpfwörtern" arbeiten. Andererseits reagieren die Moderatoren auch auf aktuelle Vorfälle oder Gegebenheiten in der Klasse. Hierbei könnten Aspekte des Klassenrats, z.B. Wandzeitung, in der die Schüler Probleme eintragen können, einbezogen werden. Dabei stehen die Moderatoren den Klassen bei Problemen und in Konfliktsituationen als Ansprechpartner zur Verfügung oder greifen bei Bedarf aus eigenem Antrieb ein. In diesem Zusammenhang

bieten auch Moderatoren Schlichtungen in ihren Klassen an, Schlichtungen zwischen Lehrer und der Klasse sind ebenfalls möglich.
Dies bedeutet, dass die ausgebildeten Schlichter und ihre Kompetenzen in diesem Konzept weiter genutzt werden können und dass der von Lehrern sowie von Schülern beschriebenen geringen Annahme des Schlichtungsangebots entgegengewirkt werden kann. Durch die regelmäßige Betreuung lernen die Moderatoren die Konstellationen und Beziehungsstrukturen in ihren Klassen kennen, und die Klasse erfährt die Moderatoren in verschiedenen Situationen, bei Freizeitaktivitäten wie auch bei inhaltlicher Arbeit, sodass es den Schülern leichter fällt, die Moderatoren als Ansprechpartner zu akzeptieren und zu nutzen und ggf. auch eine Schlichtung zu erbitten.

Neben dieser festen Klassenbetreuung in der Unterstufe bieten die Moderatoren Klassen der Mittelstufe in Konfliktfällen ihre Dienste an. Zudem können sich die betreuenden Lehrer als Ansprechpartner anbieten und die Moderatoren in den höheren Klassen unterstützen.

Ausbildung der Moderatoren

Dem erweiterten Tätigkeitsbereich entsprechend gestaltet sich die Ausbildung der Moderatoren deutlich umfangreicher, als dies bei den Schlichtern der Fall ist. Denn die Moderatoren müssen nicht nur zur Durchführung von Schlichtungen in einem klar überschaubaren Rahmen, sondern auch in komplexen Situationen zur selbstständigen Arbeit mit ganzen Klassen befähigt werden.

Sie müssen lernen:
- vor einer ganzen Klasse aufzutreten,
- sich durchzusetzen,
- Gespräche im Klassenverband zu moderieren,
- Klassenaktivitäten zu planen und durchzuführen.

Zudem müssen sie inhaltlich kompetent sein, wenn sie mit den Klassen zu oben genannten Themen arbeiten wollen.
So umfasst die Ausbildung der Moderatoren folgende Bereiche:
- Konflikttheorie,
- Kommunikation,
- Moderation,
- Körpersprache,
- Patenaktivitäten.

Die Ausbildung dauert etwa ein Jahr (z.B. 8. oder 9. Klasse), bevor die Moderatoren mit selbstständiger Arbeit in den Klassen betraut werden. Zudem erfordert die komplexe Arbeit eine kontinuierliche Weiterqualifikation und regelmäßige tätigkeitsbegleitende Betreuung.
Der Rückhalt der Gesamtgruppe der Moderatoren hat besondere Bedeutung. So ist eine „Moderatoren-AG" zu gründen, die auch dazu dient, Handlungspläne für aktuelle Situationen zu entwerfen und Erfahrungen aus den Klassen zu reflektieren.

Durch das klassenbezogene Arbeiten bietet das Moderatoren-Konzept entsprechend einer weiteren Zielvorstellung des Entwicklungsvorhabens die Möglichkeit, auch systemische Konflikte anzugehen. Moderatoren führen nicht nur Gespräche mit Tätern und Opfern, sondern versuchen durch die Arbeit direkt in den Klassen, Strukturen aufzudecken und, wenn möglich, aufzubrechen, durch die z.B. Mobbing möglich wird. Des Weiteren ermöglicht das Konzept, dass z.B. Ausgrenzungsprozesse und Mobbingfälle schneller ans Licht kommen und eingegriffen werden kann, denn Moderatoren haben gegenüber den jüngeren Schülern eine andere Rolle als der Lehrer.

Neue Konferenzform

In den meisten Schulen vollziehen sich die Zeugniskonferenzen nach demselben Muster: Die Namen und Noten besonders guter und schlechter Schüler werden vorgelesen, ihre Leistungen diskutiert. In Einzelfällen, etwa im Falle von gefährdeten Versetzungen, können die Aussprachen intensiver werden. Obwohl hier alle in einer Klasse unterrichtenden Kollegen zusammensitzen, wird in der Zeugniskonferenz in der Regel nicht über die Klasse als Ganzheit gesprochen, höchstens über ihre Leistungsfähigkeit.

Eine Privatschule hat hier eine andere Konferenzform institutionalisiert: Im Wechsel stellen der Klassenlehrer und sein Stellvertreter die pädagogische Situation der Klasse dar. Dafür erstellen sie eine knappe Tischvorlage, auf der Stärken der Klasse und Fehlentwicklungen im sozialen Miteinander beschrieben werden. Außerdem schlagen die Kollegen pädagogische Maßnahmen vor, die Fehlentwicklungen korrigieren sollen. Das kann im Einzelfall so aussehen:

„Die Klasse 8 b kooperiert im Allgemeinen gut. Das zeigt sich bei Gruppenarbeiten, aus denen sich in der Regel niemand ausklinkt. Ein Problem stellt sich lediglich bei Dennis. Er wird in der letzten Zeit zunehmend isoliert. Das zeigt sich besonders

im Sport. Dennis reagiert auf die Zurücksetzungen mit Clownereien, wodurch sich seine Isolation verschärft.
Vorschläge: Mit Dennis wurde bereits ein ausführliches Gespräch geführt. Ihm wurde gesagt, dass er sich mit seinen Albernheiten schade. Deshalb sollen alle Kollegen sofort intervenieren, wenn Dennis wieder auf dieses Verhaltensmuster zurückgreift. Gleichzeitig sollten unmittelbar die ‚Lacher' angesprochen werden, die die Albernheiten von Dennis noch verstärken. Ihnen sollte klargemacht werden, dass sie Dennis damit schaden. Versuchen, Dennis auszugrenzen, sollte ebenfalls unmittelbar entgegengewirkt werden. Falls Ihnen Schüler auffallen, die wiederholt Dennis attackieren, bitten wir um Rückmeldung. Als weitere Maßnahme haben wir für das Fach Deutsch ein Zeitungsprojekt geplant, in dem die Schüler langfristig in festen Gruppen zusammenarbeiten. Dennis arbeitet mit Maren, Oliver, Sina und Sven zusammen, also mit Schülern, die positiv in der Klasse agieren."

Weitere Präventionsmöglichkeiten in der Schule

Man kann verallgemeinern, dass eigentlich alle schulischen Maßnahmen, die zu erhöhter Schulzufriedenheit beitragen, die den Klassenzusammenhalt fördern, die Partizipation erhöhen und die Verhaltenssicherheit schaffen, Mobbing reduzieren können. Damit die Darstellung nicht ausufert, stelle ich nachfolgend nur Projekte vor, die sich unmittelbar auf Mobbing in der Schule auswirken.

Schulregeln

Hier handelt es sich um Schulregeln, die sich gegen Gewalt richten, von allen Kollegen gewahrt werden und die Schülern klare Verhaltensmuster vermitteln. In einer Grundschule in einem Problembezirk kämpften die Lehrer vergebens gegen aggressive Umgangsformen, besonders gegen Drohungen und Schlagen von Mitschülern. Deshalb beschloss man folgende Regelungen, die Schülern und Eltern vermittelt wurden:

- Schüler, die schlagen, werden für diesen Tag vom Unterricht ausgeschlossen. Die Eltern werden angerufen und haben sie von der Schule abzuholen. Wenn das den Eltern nicht möglich ist, haben diese Kinder am nächsten Tag Schulverbot.

→ Schüler, die Mitschüler bedrohen, werden von der Pause ausgeschlossen. Wird die Drohung während der letzten Stunde ausgesprochen, bleiben die Schüler mit dem Lehrer länger in der Schule, sodass die Bedrohten ohne Angst nach Hause gehen können.

Die Kollegen sprachen sich ab, unmittelbar einzugreifen und die Sanktionen grundsätzlich und sofort zu verhängen. Sie gaben an, dass diese Maßnahmen Übergriffe an ihrer Schule drastisch reduziert hätten.

Hausordnung

Sicher kann man mit einer Hausordnung allein nicht Mobbing verhindern. Aber wenn die Hausordnung nicht bloß im Sekretariat aushängt, sondern als Handlungsgrundlage in das Schulleben integriert wird, kann ein klares Mobbingverbot, das in der Hausordnung formuliert wird, den Kampf gegen Mobbing erleichtern. Die Diskussion einer solchen Hausordnung in den Klassen kann dazu beitragen, das Rechtsempfinden der Schüler zu entwickeln.

Pausengestaltung durch Sporthelfer

An einigen Schulen werden Schüler ab der 9. Klasse als Sporthelfer für die Pausengestaltung ausgebildet. Die Ausbildung selbst entwickelt das Verantwortungsgefühl der Sporthelfer und erhöht ihre Kompetenz, das soziale Miteinander zu gestalten. Sie wirkt sich also auf die Klassen der Sporthelfer selbst aus. Die Spiele, die sie Jüngeren anbieten, sind in der Regel Kooperationsspiele. Auch sie stärken die Kompetenzen der Teilnehmer, zusammenzuarbeiten und Konflikte auszuhalten. Es ist auch zu vermuten, dass sinnvoll ausgefüllte Pausen die Zufriedenheit mit der Schule selbst erhöhen.

Schüler als Konfliktlotsen/ Pausenhelfer auf dem Schulhof

Dieses Konzept hat Ähnlichkeiten mit dem der Streitschlichter. Eine Gruppe älterer Schüler wird ausgebildet, um bei Übergriffen und Konflikten auf dem Pausenhof deeskalierend zu wirken. Sie arbeiten mit der Pausenaufsicht zusammen, intervenieren aber selbstständig. Dabei dürfen sie auf keinen Fall körperliche Gewalt anwenden. Wie bei den Streitschlichtern sollen hier die Schüler Konflikte mit Hilfe von Schülern schlichten. Allerdings warten sie, anders als Schlichter, nicht ab, bis sie aufgesucht werden, sondern sie sind in regelmäßigen Abständen während der Pausen im Einsatz. Kollegen, an deren Schulen Pausenhelfer eingesetzt sind, berichten, dass diese durch ihre Tätigkeit ein erhöhtes Verantwortungsgefühl entwickeln. Die Übergriffe während der Pausen seien erheblich reduziert worden und die Pausenhelfer würden zunehmend als positive Autoritäten akzeptiert werden.

Buddy-Konzept (persönliche Schutzengel für Außenseiter)

Ein anderer Weg, um auf Mobbing zu reagieren, ist das Buddy-Konzept. Hier werden Schüler aus der Klasse des Mobbingopfers oder Außenseiters dazu angeleitet, gelegentlich auch ausgebildet, als eine Art Schutzengel zu agieren. Sie werden nicht dazu aufgefordert, sich mit dem Opfer anzufreunden, sondern immer dann einzugreifen, wenn es Übergriffe gegen das Opfer gibt. Es besteht auch die Möglichkeit, mehrere Schüler als Buddys für ein Opfer fungieren zu lassen. Im Internet und in der Literatur wird diese Methode als erfolgreich beschrieben.

Regelmäßiges Klassenfeedback für Lehrer, die Klasse und Eltern

Es sollte zur Schulkultur gehören, mit Feedbackbögen regelmäßig den eigenen Unterricht zu evaluieren (s. S. 109 f.). Das ermöglicht jedem, sich mit der Außensicht auf die eigene Arbeit auseinanderzusetzen. Feedback sollte über Multiple-Choice-Bögen durchgeführt werden, um die Anonymität, die Offenheit ermöglicht, zu garantieren. In diese Bögen können auch folgende Kategorien eingefügt werden: *„Sie nehmen Klassenkonflikte wahr. – Es gelingt Ihnen, Mobbing in unserer Klasse zu verhindern."*

Feedback kann auch regelmäßig von Eltern eingeholt werden. Hier sollte man auch danach fragen, wie die Kinder ihre Klasse empfinden, ob es langfristige, ungelöste Konflikte gibt oder ob und welche Ängste Kinder in der Schule haben. Der folgende Feedbackbogen wird an meiner Schule eingesetzt. Er kann Ihren Interessen entsprechend modifiziert werden.

Anleitung zum Ausfüllen:

- Ihr müsst nicht alle Fragen beantworten.
- Es ist leider nicht möglich, noch zusätzliche Kommentare aufzuschreiben.
- Kreuze jeweils eine Möglichkeit an: *1 = völlige Zustimmung, 2 = teilweise Zustimmung, 3 = weder Zustimmung noch Ablehnung, 4 = teilweise Ablehnung, 5 = völlige Ablehnung*

I Unterrichtsgestaltung	**1**	**2**	**3**	**4**	**5**
Sie vermitteln Unterrichtsinhalte anschaulich.					
Ihre Tafelbilder und Folien helfen mir beim Verständnis des Stoffes.					
In Ihrem Unterricht lerne ich viel.					
Bei Verständnisfragen helfen Sie mir kompetent.					
Ihr Unterricht ist systematisch aufgebaut.					
Ich fühle mich bei Ihnen häufig überfordert.					
Ich fühle mich bei Ihnen häufig unterfordert.					
Ihr Unterricht ist abwechslungsreich gestaltet.					
Ich empfinde Ihren Unterricht als gut vorbereitet.					
II Unterrichtsatmosphäre	**1**	**2**	**3**	**4**	**5**
Bei Ihnen fühle ich mich ermutigt, Unterrichtsbeiträge zu liefern.					
Sie würdigen meine (möglicherweise abweichende) Meinung.					
Sie machen keine herabsetzenden Bemerkungen über Ihre Schüler.					
Sie schaffen eine angstfreie Unterrichtsatmosphäre.					
Sie wahren in Ihrem Unterricht Disziplin.					
Ihr Unterricht motiviert mich.					
Ich habe das Gefühl, dass Sie Schüler achten und respektieren.					
Ich habe das Gefühl, dass Sie gerne unterrichten.					
Ich werde dazu angeregt, mir eine eigene kritische Meinung zu bilden und sie zu äußern.					

III Kommunikation mit den Schülern	1	2	3	4	5
Sie gehen mit Kritik fair um.					
Ich kann Sie jederzeit um ein Gespräch bitten, auch nach der Stunde.					
Ich habe das Gefühl, dass Sie alle Schüler gerecht behandeln.					
Ich finde, mit Ihnen kann man über persönliche Probleme reden.					
Wir können über Spannungen in der Klasse mit Ihnen reden.					
Sie halten sich selbst an die Regeln, die Sie von uns einfordern (Pünktlichkeit, Höflichkeit).					
IV Hausaufgaben	**1**	**2**	**3**	**4**	**5**
Der Umfang der Hausaufgaben ist angemessen.					
Sie besprechen die Hausaufgaben angemessen.					
Sie stellen die Hausaufgaben so, dass sie sinnvoll mein Lernen fördern.					
V Bewertungen/Noten	**1**	**2**	**3**	**4**	**5**
Arbeiten/Prüfungen werden im Unterricht angemessen vorbereitet.					
Ihre Aufgabenstellungen sind klar.					
Ich kann meine Noten anhand Ihrer Kommentare nachvollziehen.					
Ich finde Ihre Notengebung gerecht.					

Aktions-/Projektwochen zum Thema – Informationsabende für alle

Aktionswochen gegen Mobbing und Informationsabende können den Beteiligten Wissen über Mobbing vermitteln und Aufklärung bewirken. Die Nachhaltigkeit dieser Aktionen wird erhöht, wenn Sie langfristige Projekte initiieren. Solche Projekte können darin bestehen, ein Theaterstück über Schulmobbing zu schreiben und aufzuführen, einen Antimobbingfilm zu drehen, Plakate gegen Schulmobbing zu entwickeln oder ein Antimobbingbuch zu schreiben, in dem Schüler über ihre Erfahrungen mit Mobbing berichten und Lösungswege beschreiben.

© godfer – Fotolia.com

7

Verschiedene Mobbingfälle und Interventionsstrategien

Im Folgenden werden typische Mobbingfälle vorgestellt, in denen sich Interventionen schwierig gestalten. Im gesamten Text wurde immer wieder auf die große Bedeutung verwiesen, die ein gemeinsames, abgestimmtes Verhalten hat. Diese Vorgabe gilt auch für die Interventionsvorschläge bei den folgenden Fällen, auch wenn sie aus der Perspektive des jeweiligen Klassenlehrers entwickelt werden.

Mobber bestimmen die Klasse

Der Fall

Herr Schulte arbeitet in einer Schule, in der das Klassenlehrerprinzip hochgehalten wird. Die Klassenlehrer unterrichten sogar fachfremd, damit sie möglichst oft in ihrer Klasse sind. Die Schattenseiten dieses Konzeptes bekam Herr Schulte mit, als er nach einem Wechsel eine achte Klasse übernahm. Seinem Vorgänger war es anscheinend nicht gelungen, einen Zugang zur Klasse zu finden. Herr Schulte fühlte sich von Anfang an unwohl. Er hatte immer den Eindruck, dass die Schüler verschlossen, unaufrichtig und ängstlich agierten. Beim Durchsehen der Klassenlisten entdeckte er, dass drei Schüler die Klasse verlassen hatten, wobei die Leistungen keine Rolle gespielt haben konnten.

Er fragte in der Klasse nach und erhielt keine Antwort. Die Klasse wich aus. Während Herr Schulte noch überlegte, wie er vorgehen sollte, wurde ein vierter Schüler abgemeldet. Die Auskünfte, die Herr Schulte erhielt, blieben trotz seines Drängens mager.
„Die mobben mich!" – „Wer ist die?" – „Alle!" – „Was haben die gemacht?" – „Alles Mögliche." – „Bitte sag doch genauer, worum es ging." – „Will ich nicht. Ich bin mit der Schule fertig. Lassen Sie mich doch in Ruhe."
Auch sein Vorgänger erhellte nicht die Vorgänge in der Klasse. Die Schüler seien eben zurückhaltend.

Auf dem Weg zur Lösung

Herr Schulte strich in Absprache mit Eltern und Schulleitung den nächsten Wandertag. Stattdessen blieb die Klasse in der Schule, um in einem **Aktionstag** gegen Mobbing zu arbeiten. Herr Schulte entschloss sich zu einem indirekten Vorgehen. Er klärte die Klasse zunächst gründlich über Mobbing auf. Danach saßen die Schüler still mit gesenkten Köpfen auf ihren Plätzen.

„Was ist denn los?" – „Wir reden nicht viel." – „Okay, dann schreibt mal. Setzt euch auseinander, jeder an einen Einzeltisch. Holt bitte einen Zettel heraus. Und jetzt schreibt ihr einen Bericht zu folgender Aufgabenstellung:
1. *Weshalb hat Bengt die Klasse verlassen?*
2. *Welche Mitschüler waren wie besonders daran beteiligt?*
3. *Wie sehe ich meine Rolle dabei?"*

Die spätere Auswertung brachte eindeutig zu Tage, dass fünf Jungen seit Jahren gemeinsam festlegten, wer das Opfer des Monats sei. Dieses Opfer musste sich dann Übergriffe und Demütigungen gefallen lassen. Die fünf wählten mit Vorlieben die Schüler zum Opfer aus, die ihr Missfallen erregt hatten. Das konnte durch besondere Leistungen hervorgerufen werden, durch die Verweigerung von Diensten oder durch Widersprüche.

Lösungsvorschläge

Das Schreiben schien einige Schüler der Klasse wachgerüttelt zu haben. Denn der nächste Arbeitsschritt, den Herr Schulte geplant hatte, fand eine veränderte Klasse vor. In Vierergruppen entwickelten die Schüler Vorschläge zu der Frage: *„Was können wir tun, dass unsere Klassengemeinschaft besser wird?"*
Die Quintessenz der meisten Gruppenergebnisse war, nicht länger hinzunehmen, dass ein Schüler zum Opfer des Monats gemacht wurde. In der folgenden, oft ungeordneten Diskussion outeten sich die fünf Mobber. Sie hätten doch nur Spaß haben wollen und nur Spaß gemacht. Die Stimmung in der Klasse schlug um. Detailliert wurden Übergriffe dargestellt und die Ängste, die sie bei den anderen Schülern der Klasse ausgelöst hatten. Besonders erschreckend fand Herr Schulte, dass die Jungen auch mit Gewalt Mitschüler eingeschüchtert hatten. Der Tag endete damit, dass sich die Schüler verpflichteten, aktiv gegen jeden Mobbingversuch aufzutreten.

In der Folge berief Herr Schulte einen Elternabend ein, in dem er die Eltern um Mitarbeit bat. Die Eltern sollten zu Hause ihren Kindern noch einmal klarmachen, dass Mobbing nicht zu tolerieren sei und dass Quälereien nichts Witziges an sich hätten. Die Eltern dankten Herrn Schulte für seinen Einsatz, sicherten ihm jede Unterstützung zu und versprachen, ihn unmittelbar zu informieren, falls ihre Kinder von neuen Übergriffen berichten sollten.

In Absprache mit der Schulleitung wurde eine Klassenkonferenz gegen die fünf Mobber einberufen. Die Konferenz sprach gegen den Willen von Herrn Schulte jedoch nur einen Verweis aus, mit der Begründung, dass man das bisherige Versagen der Schule nicht den Schülern zur Last legen sollte. Vielleicht lag es an der eher geringen Sanktion durch die Schule, dass zwei Schüler aus der Fünfergruppe noch einmal versuchten, ein Opfer des Monats zu bestimmen. Allerdings leistete die Klasse energisch Widerstand. Seitdem, so berichtet zumindest Herr Schulte, ist es nicht mehr zu Mobbing gekommen und die Klasse arbeitet besser und fröhlicher mit.

Ekelalarm in der 6. Klasse

Der Fall

Frau Reiser ist verzweifelt. In ihrer Klasse 6 wird gemobbt. Nahezu alle Kinder haben sich auf Tanja eingeschossen. Wenn Tanja beispielsweise die Tafel berührt, tönt es aus verschiedenen Ecken der Klasse: *„Igitt, die Pest."* Beim Sport will niemand „der Pest" Hilfestellung leisten. Tanjas Fehler werden laut belacht. Kommt es zu Gruppenarbeiten, weigern sich die anderen Schüler, mit Tanja zusammenzuarbeiten. Vermutlich um dem zu entgehen, setzt sich Tanja bei Gruppenphasen abseits und beginnt sofort, still für sich die Arbeitsaufträge auszuführen. In mehreren Gesprächen mit Frau Reiser führt Tanja aus, dass sie „das alles nicht so schlimm finde." Andererseits hat Frau Reiser manchmal den Eindruck, dass Tanja ihre Außenseiterrolle regelrecht provoziert. Ständig kratzt sie heftig und intensiv ihre Kopfhaut und schüttelt dann ihr Haar, sodass Schuppen auf den Nachbartisch fliegen. Die Mitschüler quittieren das mit lauten Ekelgeräuschen. Inzwischen will niemand mehr neben Tanja sitzen. Trotz vieler Ermahnungen schwirren immer wieder „Pestrufe" durch die Klasse, wenn Tanja aufgerufen wird, eine Landkarte berührt oder auch nur die Türklinke drückt. Mädchen und Jungen verhalten sich nicht unterschiedlich. Die Ausgrenzung Tanjas findet in allen Stunden statt.

Lösungsvorschläge

Da sich hier auch die Schule falsch verhalten hat und die Übertretungen der Schüler insgesamt zwar verletzend sind, allerdings im Einzelnen nicht gravierende Verstöße darstellen, kann hier auf eine rückwirkende Sanktionierung verzichtet werden. Problematisch am Lehrerverhalten ist, dass die sinnvolle Maxime, dass jeder mit jedem zu arbeiten hat, nicht durchgesetzt wurde, problematisch auch, dass Schmährufe zwar kritisiert, jedoch auch nach wiederholten Ermahnungen nie sanktioniert wurden, und das in allen Stunden.

Deshalb sollten die **Kollegen zusammengeführt** werden, um eine **gemeinsame Strategie** zu entwickeln. Zunächst gilt es, jede Form der Schmähung gegen Tanja unmittelbar zu unterbinden und zu sanktionieren, etwas in Form eines Aufsatzes: *„Weshalb ich diesen Text verfassen muss."* Bei wiederholten Verstößen ist die Sanktion zu eskalieren. Dieses Konzept ist der Klasse vorher bekannt zu geben. Ebenfalls sollte man der Klasse mitteilen, dass Gruppenarbeit verbindlichen Charakter hat, aus der niemand auszuschließen ist und von der sich niemand auszuschließen hat. Auch das sollten alle Kollegen durchsetzen. Hier bietet sich auch eine schrittweise Reintegration Tanjas an, indem man zunächst bevorzugt Partnerarbeiten durchführt, wobei man Tanja mit „vernünftigen" Schülern zusammenarbeiten lassen sollte und diese Partnerarbeit gründlich beobachtet. Es gilt auch, darauf zu achten, dass sich Tanja nicht von sich aus der Arbeit entzieht. Die Kollegen sollten auch auf Tanja einwirken, dass sie das Kratzen unterlässt.

In einem Gespräch, an dem auch ihre Eltern teilnehmen sollten, ist Tanja zu vermitteln, dass sie sich durch dieses Verhalten isoliert und schadet. In diesem Gespräch sollten auch Wege reflektiert werden, wie Tanja von sich aus wieder auf die Klasse zugehen kann. In demselben Elterngespräch ist dringend darauf hinzuwirken, dass die Eltern mithelfen, Tanjas Verhalten zu korrigieren. Es geht nicht an, dass sie sich durch ihre Marotte, Haarschuppen durch die Gegend zu schleudern, selbst an den Rand stellt. Gut wäre es, wenn die Eltern mit ihr Verhaltensweisen einübten, die sie wieder an die Klasse heranführen könnten.

Der Klasse sollte vermittelt werden, dass die Schule die Beschimpfungen und Ausgrenzungen gegenüber Tanja nicht mehr hinnehmen wird. Zu erarbeiten ist, welche Folgen das dauerhafte Mobbing für Tanja und für die gesamte Klasse hat. Sinnvoll wäre es auch, die Schüler einen kritischen Blick auf die eigenen Motive werfen zu lassen, die sie zu dem „Spaß" gegenüber Tanja veranlasst haben.

Das schwere Los der Überspringerin

Der Fall

Birte hatte eine Klasse übersprungen. Schon am ersten Tag schlug ihr Ablehnung in der neuen Klasse entgegen. Die älteren Mädchen nannten sie „Kindchen", die Jungen „Streberleiche". In Gesprächen wurde Birte ignoriert. Man wich ihr aus, mied sie, verabredete sich so, dass Birte verletzt wurde: *„Ihr könnte heute alle zu uns kommen, ich gebe ein Gartenfest, das heißt alle bis auf eine."* Oder eine Mitschülerin beugte sich zurück, zur Reihe in der Birte saß, und fragte: *„Kommt ihr heute mit ins Kino, also mit ‚ihr' meine ich natürlich nur Gwen, Lena, und Miriam."* Es gab allerdings keine weiteren gezielten Attacken oder Übergriffe. Birte fühlte sich immer unglücklicher. Hoffnungen setzte sie auf die bevorstehende Wanderfahrt, die nach Eutin gehen sollte. Die aber wurden schon bei der Zimmeraufteilung, die der Klassenlehrer vor der Fahrt durchführte, enttäuscht. Er sprach ein Machtwort, als niemand Birte in das Zimmer aufnehmen wollte: *„Gwen, Lena, und Miriam, ihr drei hängt doch dauernd zusammen, geht mit Birte, Carolin und Anna in das eine Sechserzimmer."* Der Lehrer ließ sich auch nicht durch das Gemaule der Mädchen erweichen.

Die Fahrt selbst sollte sich als Desaster für Birte erweisen. Im Bus saß sie alleine, bis sich Frau Kahlmann, eine Referendarin, die die Fahrt begleitete, neben sie setzte und mit ihr ein Gespräch begann. Noch während sie ihre Sachen auspackte, wurde sie von Gwen, Lena, Miriam und Anna angesprochen. Lena führte das Wort: *„Du sollst nur eins wissen, Birte: Wir finden es alle scheiße, dass wir mit dir Kind auf ein Zimmer müssen. Hier kann dich keiner leiden. Die ganze Klasse hasst dich. Weißt du, Streber sind nicht besonders beliebt. Kinderstreber schon gar nicht."* – Die vier Mädchen verließen das Zimmer, Birte blieb allein zurück. Sie weinte. Bis sie eine Hand auf ihrem Rücken verspürte. Es war Carolin, die sie in den Arm nahm. *„Was ist denn los? Kann ich dir helfen?"* Dankbar erzählte Birte in aller Offenheit, wie sehr sie sich wünschte, akzeptiert zu werden, wie oft sie ihrer alten Klasse hinterhertrauerte, wie elend es ihr ging, um endlich das Gespräch mit dem Satz zu schließen: *„Ich fange an, mich selbst zu hassen. Irgendwas muss doch an mir faul sein."*

Als sich die Mädchen zur Bettruhe auf die Zimmer zurückzogen, hörte Birte diesen Satz noch einmal, von Lena, die dann fortfuhr: *„Birte, das ist schon mal ein guter Anfang, das mit dem Selbsthass. Und so schlau bist du auch wieder nicht, du kleines Genie. Klassen kannst du überspringen. Aber du merkst nichts.*

Du hast nicht mitbekommen, dass wir Carolins Trösteauftritt vorher geplant hatten. Caro hat uns haarklein erzählt, was du so ausgeheult hast. Wir haben uns kaputtgelacht. Und jetzt wissen wir auch, wie wir dich packen können."

Birte stand auf, zog sich an, packte ihre Sachen und ging aus dem Zimmer. Sie wollte zum Bahnhof, wurde aber an der Herbergstür von Frau Kahlmann aufgehalten, der sie alles erzählte. Frau Kahlmann setzte sich gegen den Klassenlehrer nach einer längeren Diskussion durch und ließ Birte am nächsten Tag nach Hause fahren. Die Klasse reagierte geschockt, nur Lena triumphierte, stieß aber mit ihrer Aussage, dass es gut sei, die Streberin los zu sein, auf Widerspruch, denn der Rest der Klasse war eher bedrückt.

Lösungsvorschläge

Es ist zumindest problematisch, das bloße Schweigen gegenüber Birte zu bestrafen. Hier stoßen schulische Möglichkeiten an ihre Grenzen. Dagegen ist jedoch auf die Intrige, die die Mitschülerinnen abgesprochen hatten, um Birte zu schädigen, zu sanktionieren. Allerdings sollte auch hier mit Augenmaß verfahren werden. So sehr man sich über das Vorgehen der Mädchen auch ärgern mag. Vermutlich ist in diesem Fall eine Ordnungsmaßnahme nicht ohne Weiteres durchzusetzen.

Deshalb schlage ich das „**Ernste Gespräch**" vor, zu dem zwar nicht Birte und ihre Eltern hinzugezogen werden, um Konfrontationen zu vermeiden, aber die Eltern der beteiligten Mädchen, der Klassenlehrer, der Stufenleiter und der Schulleiter.

- In diesem Gespräch wäre den Mädchen zu verdeutlichen, dass sie sich ohne wirklichen Anlass gezielt und geplant aggressiv und schädigend verhalten hätten.
- Zusätzlich könnte die Situation von Birte veranschaulicht werden, die von Anfang an in der neuen Klasse ausgegrenzt wurde, ohne ein Fehlverhalten gezeigt zu haben, nur weil sie als gute Schülerin in Erscheinung getreten ist.
- Die Eltern werden gebeten, auf ihre Töchter einzuwirken, ab sofort jede Form der Aggression gegen Birte einzustellen, auch weil neue Übertretungen Konsequenzen nach sich zögen. Dabei sollten noch klare Verhaltensregeln ausgesprochen werden: keine Beschimpfungen mehr, keine weiteren Demütigungen, keine weiteren geplanten Aktionen.

- Eventuell kann auch von den Lehrern gefordert werden, dass die Mädchen einen gemeinsamen (oder jede für sich) Entschuldigungsbrief an Birte schreiben. Dieser Brief ist zunächst dem Klassenlehrer vorzulegen.

Die Klasse, die ja auch Zeuge des Vorfalls war, wird durch den Klassenlehrer über das Gespräch knapp informiert, unter Wahrung des Datenschutzes. Gleichzeitig bietet das Erschrecken der Klasse über die Vorfälle die Möglichkeit, im Sinne von Birte Strukturen zu verändern. Hier würde ich die **Einrichtung einer Unterstützergruppe** vorschlagen.

- Wer bereit ist, mit Birte wie mit allen anderen Klassenmitgliedern umzugehen, und wer bereit ist, Birte gegen zukünftige Übergriffe zu schützen, sollte vom Klassenlehrer notiert werden. Diese Schüler verpflichten sich schriftlich, für ihre Bereitschaft einzustehen.
- Ebenfalls sollte Birte so umgesetzt werden, dass sie zwischen den Unterstützern einen Platz erhält.
- In einem gesonderten Gespräch sollte der Klassenlehrer die Unterstützer noch einmal auf ihre Aufgabe vorbereiten: Bei Interventionen auf keinen Fall aggressives Verhalten durch Gegenaggressionen eskalieren, es besteht keine Verpflichtung zu einer (unechten) Freundschaft, bei Übergriffen, die die Unterstützer überfordern, sollten diese unbedingt den Lehrer informieren, der seinerseits garantiert, dass die Anonymität gewahrt bleibt.

Mobbing, das sich gegen die Mobberin richtet

Der Fall

Kaum fand sich die neue 5 einer Realschule zusammen, hatte sie schon eine Klassenkönigin. Lara beherrschte die Klasse, sie bestimmte, wer in ihrer Nähe sitzen durfte, was in der Klasse in war und was nicht, wie man gestylt sein sollte, sie legte fest, welche Lehrer als cool und welche als doof zu befinden seien. Kam ihr ein Mitschüler quer, machte sie ihn fertig. Allerdings machte sie den Fehler, sich keine Hausmacht aufzubauen. Sie erledigte alles alleine, statt die um ihre Gunst Buhlenden in ihre Strafaktionen einzubeziehen. Vermutlich war es die Angst vor dem Machtverlust, die diesen hervorrief.

Nachdem sie fast jedes Mädchen und viele Jungen aus der Klasse niedergemacht hatte, stand sie plötzlich alleine da. Lara wurde gemieden. Sie wurde unsicher, fing an, um Freundschaft zu betteln. In diesem Moment drehte sich alles. Lara wurde gezielt isoliert und verspottet. Nach den Pausen hieß es dann: *„Schade Lara, wenn keiner mit einem spricht. Ist es nicht langweilig, immer so allein auf dem Schulhof?"* Machte die immer stärker verunsicherte Lara einen Fehler, wurde dieser ausgiebig belacht. Leonie imitierte dann unter dem Beifall und Gelächter der Übrigen Lara und wiederholte immer wieder Laras Fehler. Lara wurde überempfindlich, beschwerte sich dauernd beim Lehrer über ihre Mitschüler, weinte, oft ohne erkennbaren Anlass, fehlte immer häufiger. Inzwischen sprach kein Mädchen mehr mit Lara, die Jungen gingen ihr eher aus dem Weg. Laras Leistungen sackten drastisch ab, die Eltern erwogen einen Schulwechsel. Vorher suchten sie jedoch den Beratungslehrer der Schule auf.

Lösungsvorschläge

Hier ist der Schwerpunkt auf die **Arbeit mit der Klasse** zu legen. Eine Sanktion schließt sich vor allem deshalb aus, weil die Mitschüler Lara das zurückgeben, was sie vorher gemacht hat und dabei nicht die Grenzen der Schulordnung überschreiten. Bestraft man jetzt Einzelne aus der Klasse, riefe das allgemeinen Widerstand hervor. Die ganze Klasse hat zuvor Lara als aggressiv erlebt, und viele Kinder haben im Kopf, dass die Ausgrenzungen Laras deshalb gerechtfertigt seien.

Deshalb schlage ich zunächst ein Gespräch zwischen Lara, ihren Eltern und dem Klassenlehrer sowie dem Beratungslehrer vor, wobei zu vermitteln wäre, dass die Ausgrenzung, die Lara jetzt erfährt, nicht akzeptabel ist. Allerdings ist sie auch auf Laras aggressives Verhalten Mitschülern gegenüber zurückzuführen. Darum sollte Lara auf ihre Mitschüler zugehen, indem sie in einem vom Klassenlehrer moderierten Gespräch mit den Mädchen der Klasse, die sie besonders attackieren, ihr früheres Verhalten bedauert und klarmacht, dass sie zukünftig keinen Mitschüler mehr angreifen werde. Gleichzeitig sollte sie die Mitschülerinnen bitten, sie nicht länger auszuschweigen, nachzumachen oder in anderer Form bloßzustellen.

Dieses Gespräch fand statt. Die Schülerinnen versprachen von sich aus, Lara wieder „normal" zu behandeln, sie nicht mehr auszulachen oder zu imitieren. Der Klassenlehrer protokollierte die Versicherungen Laras und die ihrer Mitschülerinnen. Nach einem Monat wollte sich die Gruppe wieder treffen,

um über die Einhaltung des Vertrages zu reden. Der restlichen Klasse wurde knapp über das Treffen und die Beschlüsse berichtet.
Einen Monat später war der Klassenlehrer überrascht von der Souveränität seiner Schülerinnen. Die Klassengemeinschaft hatte Lara wieder aufgenommen, obwohl sie gestehen musste, gelegentlich in alte, aggressive Verhaltensmuster zurückgefallen zu sein.

„Aber da haben wir ihr Bescheid gestoßen, nicht zu heftig, denn es ist ja gar nicht so leicht, sich zu verändern. Wir haben aber alle gemerkt, dass Lara sich Mühe gibt. Und es ist ja auch echt besser geworden."

8

Checklisten: Planvolles Vorgehen gegen Mobbing

Ziele der Antimobbingarbeit

- ☐ **Allgemein:** Mobbing und seine Methoden ächten, Wege aus dem Mobbing erkennen lassen
- ☐ **Lehrer:** Bewusstsein gegen Mobbing entwickeln, Kooperation bei Intervention und Maßnahmen, alle Lehrer einer Klasse sollten als Ansprechpartner gegen Mobbing wahrgenommen werden
- ☐ **Eltern der Unbeteiligten:** Unterstützung der Maßnahmen gegen das Mobbing, Fortführung der schulischen Aufklärung durch Gespräche mit dem eigenen Kind, dass Mobbing abzulehnen ist, Ermutigung des Kindes, sich gegen Mobbing zu stellen
- ☐ **Eltern der Mobber:** Unterstützung der schulischen Maßnahmen gegen das Mobbing, keine Verharmlosung der Übergriffe, das eigene Kind mit seinem Fehlverhalten konfrontieren
- ☐ **Eltern der Opfer:** Keine Selbstjustiz, keine Dramatisierung, Hilfe für das Kind statt Mitleid, Stärkung des Kindes (Selbstbewusstsein)
- ☐ **Opfer:** Kein eskalierendes, aggressives Wehren, den Lehrer als Kommunikationspartner und als Hilfe wahrnehmen, evtl. Verhaltenskorrekturen, Aktivieren der Selbsthilfe, Hilfen, das Selbstbewusstsein positiv zu fördern statt Schuldgefühle zu entwickeln, Verbündete suchen
- ☐ **Täter:** Aggressives Verhalten sofort stoppen (sei es aus Einsicht, sei es aus Angst vor Sanktionen, sei es wegen der ausbleibenden Unterstützung durch die Klasse), langfristig: Einsicht in das eigene Fehlverhalten, Entwicklung von alternativen Handlungsweisen.

Schrittfolge: Gegen das Mobbing

Diese Schrittfolge stellt ein Maximalprogramm dar, das nicht in allen Fällen zu absovieren ist. Bitte verstehen Sie das Konzept als Hilfe, was bedacht werden kann, nicht als Zwang.

1. Basis ist die Grundhaltung, jede Beschwerde über Mobbing ernst zu nehmen. Dann die **Klärung** der folgenden Fragen: Handelt es sich wirklich um Mobbing? Welche Formen hat das Mobbing angenommen? Wie lange dauert es an? Wer sind Täter, wer ist Opfer? Was ist noch unklar?

2. **Sicherung** des Tatbestandes: Protokollieren Sie alle relevanten Erkenntnisse, evtl. mit einem Hinweis, von wem Sie die Informationen wann erhalten haben. Bei Widersprüchen und Ableugnen von Mobbing können Sie (zusammen mit einem Kollegen) Einzelgespräche mit Täter, Opfer und Schülern Ihres Vertrauens führen und/oder Protokolle von den Betroffenen und verantwortungsbewussten Schülern unter Klassenarbeitsbedingungen anfertigen lassen.

3. Der **Schutz** des Opfers soll zunächst verhindern, dass die Täter weiter mobben oder das Mobbing eskaliert. Bieten Sie dem Opfer an, dass es Sie jederzeit erreichen kann und soll, falls es zu weiteren Übergriffen kommen sollte, warnen Sie die Täter vor verschärften Konsequenzen, die weitere Übergriffe mit sich ziehen würden.

4. **Informieren** Sie so früh wie möglich die Schulleitung und die betroffenen Kollegen. Sprechen Sie mit ihnen das weitere Vorgehen detailliert ab. Bei gravierendem Mobbing sollten Sie unbedingt auch die Eltern des Opfers und der Täter informieren.

5. **Bewerten** Sie das Mobbing. Ist es so gravierend, dass eine Sanktion unvermeidlich ist? Oder hat es sich in einem Rahmen und in einer Form abgespielt, die anzeigen, dass das Mobbing relativ schnell und unkompliziert beizulegen ist? In diesem Fall sollte man abwägen, wie ausführlich eine allgemeine Elterninformation notwendig ist und auf welche der folgend vorgeschlagenen Maßnahmen zu verzichten ist.

6. **Sanktionen** sind, besonders wenn sie zu Ordnungsmaßnahmen führen, gründlich vorzubereiten. Sanktionen machen nur dann Sinn, wenn sie als Strafe wahrgenommen werden und wirken. Bei gravierenden Regel-

verletzungen kann nicht auf Sanktionen verzichtet werden. Sie schaffen sonst Präzedenzfälle. Bei eindeutig kriminellen Delikten sollten Sie erwägen, die Taten anzuzeigen.

7. **Verhindern** Sie die Interventionen der Eltern des Opfers. Warnen Sie das Opfer davor, sich eskalierend zu wehren. Versuchen Sie auch nicht, Mobbing durch eine Schülerschlichtung beenden zu lassen.

8. In der **Klasse** sollte Mobbing entzaubert werden. Es ist nicht Ausdruck von Stärke, sondern von Egoismus und Rücksichtslosigkeit. Machen Sie die Zuschauer zu Akteuren. Das kann über eine allgemeine Selbstverpflichtung zum Eingreifen geschehen oder über konkrete, individuelle Aufgaben, dem Opfer beizustehen oder gegebenenfalls Hilfe zu holen. Treffen Sie mit allen Beteiligten verbindliche Vereinbarungen, die Sie zu einem verbindlichen Termin überprüfen werden. Entwickeln Sie in der Klasse neue Strukturen, durch die Bildung eines **Klassenrates** und durch **Helfersysteme**. Hier hat sich das Coaching besonders bewährt. In bestimmten Mobbingfällen ist ein Versöhnungsgespräch eine weiterführende Strategie. Trainieren Sie, wenn möglich, Interventionsstrategien. Aufklärung gegen Mobbing kann präventiv wirken, ebenso gruppenstärkende Projekte.

9. Schärfen Sie allen Schülern Ihrer Klasse ein, dass sie sich **Verbündete** gegen das Mobbing suchen sollen. Das können Mitschüler, Lehrer, Schülervertreter, Sozialarbeiter oder Eltern sein.

10. **Kooperation im Kollegium** ist ein unverzichtbarer Baustein der Antimobbingarbeit. Wenn die Kollegen auf der Basis agieren, dass gegenseitiger Respekt ein Wert ist, der gemeinsam durchzusetzen ist, kann Mobbing effektiv begegnet werden. Kooperation umfasst den Austausch über das Klassengeschehen und Fehlentwicklungen, über gemeinsame Interventions- und Sanktionsstrategien, die möglichst von allen verbindlich einzuhalten sind. Überlegen Sie, welche neuen Kooperationsstrukturen in ihrer Schule möglich sind, und welche Sie einführen wollen. Schlagen Sie diese Konzepte engagiert vor.

11. **Elternarbeit** ist unverzichtbar bei gravierendem Mobbing. An einem Elternabend können Sie über die Vorfälle in der Klasse aufklären und um Unterstützung für die schulischen Maßnahmen gegen Mobbing bitten. Die Eltern das Opfers sollten beeinflusst werden, den Fall nicht zu dramatisieren, das eigenen Kind nicht in eine Leidensrolle zu denken, mit dem

Kind konkrete Schritte zu planen, die ihm helfen, das Mobbing zu überwinden, und sie sollten beeinflusst werden, auf jede Form der Selbstjustiz und Intervention zu verzichten. Die Eltern der Täter sollten Sie überzeugen, dass sie nicht das Mobbing herunterspielen, was zu einer Wiederholung des Fehlverhaltens führt, sondern dass sie die schulischen Maßnahmen gegen Mobbing unterstützen, weil diese letztlich ihrem Kind nutzen. Die Eltern helfen ihrem Kind, wenn sie ihm das Fehlverhalten klarmachen. Lassen Sie sich auf keinen Fall von Drohungen einschüchtern.

12. Das **Opfer** sollte so schnell wie möglich zum Subjekt seiner Handlungen werden. Aktivieren Sie es, helfen Sie ihm, eigene Strategien zu entwickeln, lösen Sie es aus der Opferrolle. Verändern Sie die Blickrichtung des Opfers. Es soll nicht danach Ausschau halten, von wem es bedroht wird, sondern darauf achten, wer die Übergriffe ablehnt und wer es unterstützen könnte. Schlagen Sie seinen Eltern Maßnahmen vor, die ihm helfen, das Selbstbewusstsein zurückzugewinnen. Wenn das Opfer sozial schädliche Verhaltensweisen zeigt, bitten Sie es um eine Verhaltensänderung, allerdings ohne ihm Schuldbewusstsein zu vermitteln. Reflektieren Sie gemeinsam mit Ihren Kollegen Maßnahmen, die helfen, das Opfer in die Klasse zu reintegrieren.

13. Die **Täter** sollten unbedingt davon abgehalten werden, weiter zu mobben. In einem Konfrontationsgespräch sollte ihnen die Einsicht vermittelt werden, dass es ihre Entscheidung war, zu mobben, und der Anlass nicht in der Person des Opfers liegt. Durch die Trennung von Person und Verhalten können Sie erreichen, dass die Täter Sie weiter als Gesprächspartner akzeptieren. Die Täter sollten nicht stigmatisiert, sondern mit Respekt behandelt werden, auch wenn sie diesen Respekt nicht gegenüber ihrem Mitschüler aufbringen konnten. Den Tätern sollte klar sein, dass erneutes Mobbing für sie mit erheblichen Konsequenzen verbunden ist.

14. Die **Nacharbeit** ist bei Mobbing, einer lang andauernden Gewaltform, die Gewohnheiten geschaffen hat, besonders wichtig. Fragen Sie bei den Beteiligten nach, ob das Mobbing wirklich beendet worden ist.

15. Die beste Intervention gegen Mobbing ist die **Prävention**. Überlegen Sie mit Kollegen, welche Strukturen an Ihrer Schule machbar und geeignet sind, um dauerhaft schulischem Mobbing entgegenzuwirken.

Alsaker, Françoise D.:
Quälgeister und ihre Opfer: Mobbing unter Kindern – und wie man damit umgeht.
Verlag Hans Huber, 2003.
ISBN 978-3-456-83920-2

Gollnick, Rüdiger:
„Der schulische Mobbing-Fall Eva vor dem Hintergrund des Falles Sophie Amor."
Pädagogik Unterricht, 27 (1), 2007. S. 30–37

Gollnick, Rüdiger et al.:
Schulische Mobbing-Fälle.
Analyse und Strategien.
LIT Verlag, 2008.
ISBN 978-3-8258-8357-7

Hierdeis, Bernhard;
Greßirer, Hans (Hrsg.):
Die Klasse – Basis erzieherischer Arbeit: Klassenrat – Klassengericht – Streitschlichter.
Auer, 2005.
ISBN 978-3-403-04366-9

Kasper, Horst;
Heinzelmann-Arnold, Irene:
Schülermobbing – tun wir was dagegen!
Aol im Persen Verlag, 2008.
ISBN 978-3-8344-5713-4

Kindler, Wolfgang:
Gegen Mobbing und Gewalt: Ein Arbeitsbuch für Lehrerinnen, Schülerinnen und Peergruppen.
Kallmeyer, 2002.
ISBN 978-3-7800-4928-5

Kindler, Wolfgang:
Man muss kein Held sein – aber!
Verhaltenstipps für Lehrer in Konfliktsituationen und bei Mobbing.
Verlag an der Ruhr, 2006.
ISBN 978-3-8346-0064-6

Kindler, Wolfgang:
Wenn Sanktionen nötig werden: Schulstrafen.
Verlag an der Ruhr, 2007.
ISBN 978-3-8346-0324-1

Kindler, Wolfgang:
K.L.A.R.-Taschenbuch: Dich machen wir fertig!
Verlag an der Ruhr, 2007.
ISBN 978-3-8346-0286-2

Kindler, Wolfgang:
K.L.A.R.-Literatur-Kartei: Dich machen wir fertig!
Verlag an der Ruhr, 2007.
ISBN 978-3-8346-0287-9

Kindler, Wolfgang:
K.L.A.R.-Taschenbuch: Ein Fußballer muss das aushalten!
Verlag an der Ruhr, 2008.
ISBN 978-3-8346-0401-9

Kindler, Wolfgang:
K.L.A.R.-Literatur-Kartei: Ein Fußballer muss das aushalten!
Verlag an der Ruhr, 2008.
ISBN 978-3-8346-0402-6

Leymann, Heinz:
Mobbing. Psychoterror am Arbeitsplatz und wie man sich dagegen wehren kann.
Rowohlt, 1993.
ISBN 978-3-499-13351-0

Leymann, Heinz (Hrsg.):
Der neue Mobbing-Bericht.
Rowohlt, 1995.
ISBN 978-3-499-13567-5

Trenz, Carmen:
„Mobbing unter Kindern und Jugendlichen.“ In: Hans-Jürgen Kerner und Erich Marks (Hrsg.). Internetdokumentation Deutscher Präventionstag. Hannover, 2006.
www.praeventionstag.de/nano.cms/de/Dokumentation/Details/XID/146